문예신서
2008

요람에서 학교까지

성공의 길

장 뤽 오베르

전재민 옮김

東文選

요람에서 학교까지

Jean-Luc Aubert

Du berceau à l'école

Les chemins de la réussite

차 례

서 론

21세기에 들어서면서 모든 부모들이 당연히 던지는 정당한 질문이 하나 있다. 그것은 학교에서 성공적으로 잘해 내기 위해 어떻게 자녀를 준비시켜야 하는가이다.

세상이 바뀌고 사회가 바뀌고 학교가 바뀌었기 때문에 이러한 질문을 하는 것은 당연하다. 세상은 더 이상 우리가 유아였을 때의 세상이 아니고, 사회와 학교도 더 이상 우리 유년기 때의 사회와 학교가 아니다. 우리의 지표는 수정되었고, 우리의 목적도 역시 바뀌었다. 따라서 완전히 새로운 이 모든 기준들 내에서 학교에서의 성공에 관한 질문, 그리고 그 성공을 위한 준비에 대한 질문은 정당한 것 그 이상이다. 다시 말하면 그 질문은 본질적이다.

학교에서 성공한다는 것은 아마도 옛날보다는 현재의 더 중요한 목적이다. 우리가 살고 있는 세상, 그리고 미래에 우리 아이들이 살아갈 세상이 점점 더 창조성·재능·적응 능력을 요구하기 때문에 더 중요하다. 이 세상에서는 체력보다는 지성이 더 필요할 것이다. 이 세상은 실행하는 사람보다는 개혁자, 아이디어를 내는 사람, 창안자, 창의성이 풍부한 사람을 더 필요로 할 것이다. 더구나 우리는 우리가 사는 현 사회에서 이같은 현상이 시작되는 것을 보고 있다. 이러한 상황에서 볼 때, 유아가 학교에서 성공하도록 어떻게 준비시켜야 하는가라는 질문은 가장 적절하다.

　그렇지만 혼동하지 않기를 바란다. 지능지수가 아주 높은 아이, 미래의 학급 수석을 만들어 내는 것이 이 책의 목표는 아니다. 설령 우리가 그것을 확신한다 하더라도. 무엇보다도 이 책이 수백 명의 유아들에 대한 상세한 진단과 관찰로 이루어진 확실한 전문적인 경험에 의해 뒷받침된 견식 있는 양서이기를 바란다. 왜냐하면 우리는 유아가 만족스러운 생활을 해야만 학교에서 진정 성공한다는 것을 그 누구보다도 더 잘 알고 있기 때문이다. 또한 진정한 지적 성공과 학교에서의 성공은 정서적인 생활과 인간 관계에 있어서도 성공을 가져다준다는 것도 우리는 잘 알고 있다. 다른 것들을 잊어버리고 단지 하나만을 원하는 것은 모든 사람을 위해서, 무엇보다도 유아를 위해서, 그 다음에는 부모를 위해서, 그리고 결국은 사회를 위해서, 심각한 잘못일 것이다.

　왜냐하면 지적 촉성 재배와 학교 교육의 촉성 재배는 유아들을 행복하게 하지도 않고, 활발하게 하지도 않으며, 편안하게 하지도 않기 때문이다――그리고 이 점은 우리가 첫번째로 경계하는 것이다. 또한 유아들은 장차 마음속에서, 그리고 생활 속에서 성인으로 잘 성장하지도 못할 것이다. 이 아이들이 전문적인 출발을 잘했을지는 몰라도, 세상과 다른 사람들에게 접근하는 방법에 있어서는 너무나 부족해서 닥칠지도 모르는 변화나 새로운 생각에 적응하지도, 발전하지도 못할 것이고 관심을 가질 수도 없을 것이다. 유아들이 시작할 때 획득한 것들은 그때부터 오래지 않아 충분하지 않은 것으로 드러날 것이다. 물론 유아들의 삶의 기쁨은 말할 것도 없다.

　반대로, 견고한 감정의 기반을 정착시키고 바람직하고 편안한 인간 관계를 형성하고 활동과 놀이와 건전한 많은 인간 관계를 통해 창조력과 상상력을 발휘하면서 학교 과정을 정상적으로 이루어 내게 될 유아, 이런 유아는 (세상과 다른 사람들에게 다가가는) 수단을 갖게 될 것이다. 이 유아는 자기 자신과 더불어 세상에 관심을 갖게 될 것이다. 따라서 세상에서 이 유아는 폭넓게 인정받을 뿐만 아니라 자신의 생각으로 창조적인 기여를 할 수 있을 것이다.

우리의 이야기를 시작하기 전에, 유아는 한 방향으로만 발달하는 것이 아니라 여러 방향으로 발달한다는 것을 알아야 한다. 이 중요한 점을 처음으로 강조했던 사람은 정신분석학 창시자의 딸인 안나 프로이트이다. 우리는 여기에서 예를 들면 생리적인 발달의 한 방향, 지적 발달의 한 방향, 그리고 감정적인 발달의 한 방향이 있다고 생각할 수 있다. 이러한 방향들이 전체적으로 큰 격차 없이, 조화롭게 발전하는 것이 중요하다. 그리고 본말이 전도되지 않는 것이 중요한데, 지적인 촉성 재배를 하는 것은 바로 우리가 알고 있는 결과들 때문에 명백하게 그러한 관점으로 나아가는 것이다.

반대로 적절한 순간에 유아와 유아의 요구 · 욕구 · 질문 · 근심에 주의를 기울이는 것은 후일 학교에서의 성공과 감정 발달의 성공을 보장하는 것이다. 본서가 관심을 가지고자 하는 것은 바로 이 서로 다른 측면들이다. 그리고 우리가 말하고자 하는 대상은 바로 자녀들의 미래를 걱정하는 너그러운 부모들이다. 부모들은, 예를 들어 지적 과정의 원동력인 동기를 어떻게 적절하게 부여해야 하는지를 배우거나 발견할 것이다. 부모들은 유아 발전의 몇몇 단계가 유아의 미래의 성공을 위해 무엇에 있어서 중요한지 알게 될 것이다.

우리는 지금까지 지능이 정신 구조 내에 독자적인 기능이라고 너무 믿었다. 지능으로 모든 것이 가능하고, 지능이 없이는 모든 것이 불가

능하다고 믿었다. 그러나 그것이 그렇게 간단하지 않다는 것을 알게
될 것이다. 불행하게도 그리고 다행스럽게도 말이다.

이 책이 겨냥하고 있는 독자들은 세심한 모든 부모들이다. 그러나
자신의 아들이나 딸을 학교 성공의 챔피언과 같은 사람으로 만들기를
원하는 어른들은 본서에서 도움받지 못할 것임을 밝혀둔다. 우리는 간
혹 자기 중심적인 상처를 치료하기 위해 자신의 아이들을 이용하는 부
모들을(19쪽 참조) 만나기도 한다. 이런 부모들은 다소 격하된 자신들
의 이미지를 복구하기 위해 자녀들을 이용한다. 이들은 자신들이 잘
못 타협한 갈등을 조정하기 위해 자녀들을 이용한다. 그때 유아는 잘
못을 보상하는 속죄의 유아가 된다. 특히 유아는 무엇보다도 희생자,
즉 다른 사람의 욕망의 희생자가 된다. 우리는 이러한 부모들의 편에
결코 서지 않을 것이다. 우리는 매일 하는 일에서 항상 유아들을 옹
호한다. 여기서도 우리는 그렇게 할 것이다. 그리고 프랑수아즈 돌토
의 당당한 표제, **"우리는 항상 유아들의 이익을 옹호할 것이다"**를 설
명하기 위해서 그렇게 할 것이다.

왜 이처럼 경계를 하는 것인가? 왜냐하면 어른들——간혹 아주 지
식 있는 성인들조차——유아들의 문제를 악용하는 경향이 있기 때문
이다.

어려움과 고통을 결코 말로 표현하지 않는 유아들은 그것을 몸과 행
동을 통해서 표현한다. 이러한 표현들은 흔히 잘못 이해되고, 거의 항
상 도덕적 가치에 따른 판단을 하게 된다. 따라서 단지 불안한 아이의
표현에 불과한 태도에 선과 악의 개념, 친절과 불친절의 개념이 부가
된다. 만약 이 판단이 효과가 없으면 고통에 죄책감의 개념을 보태게
된다. 그러면 사람들은 이런저런 관계가 어떤 악순환 속에 관여되는

지 쉽게 상상한다. 더 나아가 불안함이 소멸되기는커녕 강화되고 굳어진다고 너무 쉽게 생각한다. 교육 상담원이 되는 것은 무엇보다도 먼저 유아가 표현하지 못하는 것을 말로 설명하는 자가 되는 것이다.

우리는 조언보다는 기준·지표·관점을 더 많이 제시할 것이다. 이 책은 무엇보다도 생각하고 반성하게 하는 책이다. 우리에게는 모범적인 유아의 상이 없다. 모범적인 유아는 없기 때문이다. 게다가 이상적인 부모도 또한 없다. 그리고 완벽한 교육 상담원은 더 말할 것도 없다. 유아들이 있을 뿐이고 유아 각자는 인격·독창성·특성·능력이 있다. 사실 우리는 상담을 하면서 만나게 될 부모들과 함께 우리가 매일 하는 일을 할 것이다. 다시 말하자면 우리가 지금 관심을 가질 상대, 즉 유아를 잊지 않으면서, 우리는 설명하고 죄의식에서 해방시키고 안심시키고 관점, 실행 수단을 끌어낼 것이다. 유아의 행복도 잊지 않고, 유아의 성공 또한 소홀히 하지 않으면서…….

I
성공이라는 목적

　교육 상담은 유아를 관찰하는 특혜를 전적으로 누리는 분야이다. 교육 상담을 통해 2세에서 11세 사이의 유아들을 만나기 때문에 특혜를 누리는 것이고, 인격의 모든 표현 수단을 접하기 때문에 또한 특혜를 누린다. 우리가 하는 일의 주된 부분이 어려움을 갖고 있는 유아들을 만나는 것이지만, 그 일은 또한 우리로 하여금 그저 호감이 가는 많은 수의 '보통' 유아들에 대해서도 관심을 기울이게 해준다. 그리고 우리가 상담을 하면서 비정상적인 유아들, 고통받는 유아들을 만나는 반면에 또한 건강하고 활발한 유아들도 만난다. 우리가 지적으로 어려움을 겪는 유아들을 자주 보는 반면에, 또한 마찬가지로 아주 유능한 유아들도 본다. 그리고 우리가 늦된 유아들에게 관심을 가지는 반면에 또한 '시기에 맞게 발달한' 유아들과 앞선 유아들에게도 관심을 갖는다.

　많은 수의 다른 유아 전문가들과는 달리 우리는 유아와의 관계에 있어서 전적으로 특권을 누린다. 왜냐하면 다른 유아 전문가들은 고통받는 유아들만을 보지만 우리는 유아들의 모든 표현 수단 안에서 유아들을 만나는 기회를 갖기 때문이다. 우리는 현실 원칙의 한복판에 있다. 우리는 학교에 소속된 유아의 현실 속에 있고 우리의 것인 문화, 법과 규칙 전반에 의해 사회적으로 받아들여지고 조직화된 문화 속에 있다.

우리 눈앞에 있는 유아들은 생활 속의 유아, 현실 속의 유아, 활동하는 유아들이다. 게다가 우리는 이 아이들이 날이 지나고 달이 지나고 해가 지나감에 따라 변하는 것을 본다. 그 점에서는 유아에 비해 우리의 위치는 독창적이다. 우리는 모든 심리분석 결과를 볼 뿐만 아니라 이런저런 결과들이 시간 속에서, 그리고 서구 사회-문화에 의해 정상적으로 확립되고 받아들여진 삶의 테두리 안에서 변화되어 가는 것을 본다.

실패는 고통이다

수백 명의 유아들을 매일 만나고 그 중에 수십 명의 유아들을 특별히 주의 깊게 살펴봄으로써 우리는 상당히 많은 사실들을 확인하게 된다.

학교에서 어려움을 겪고 있는 유아는 고통받는 유아이다. 이 유아는 여러 가지 이유로 인해 고통받는다. 첫번째 이유는 이제부터 알게 되는 사실, 즉 학교에서 유아가 겪는 어려움은 유아의 개인 생활, 인간 관계 또는 감정적인 생활과 더 연관된 또 다른 불안의 증후에 불과하다는 사실과 관계 있다. 물론 예외가 있기는 하지만, 매우 드물다는 것을 알아야 한다. 첫번째로 말한 불안에 대해, 그리고 그 예외에 대해 다시 이야기할 것이다. 유아가 겪는 고통의 두번째 이유는 유아가 겪은 실패의 결과에 기인한다. 그 실패로 인해 유아는 어느 정도 성공한 그룹에서 소외된다. 그리고 그것은 그 일의 책임을 지고 있는 교사의 태도에 상관없이 일어난다. 만약 교사가 친절하고 주의 깊으면 유아의 고통이 완화되겠지만, 만약 교사가 이러한 자질을 지니고 있지 않다면 어려움을 겪고 있는 유아의 고통은 배가 될 것이며, 개인적인 고통에 사회적 고통이 겹쳐진다.

그와 마찬가지로 항상 우리를 놀라게 하는 어떤 것, 많은 교사들이 관찰하고 아마도 여러분 중에 몇 사람은 이미 주목한 어떤 것이 있다. 그것은 바로 학교에서——그리고 학교 밖에서——어려움을 겪고 있는 유아들은 서로 다시 만난다는 것이다. 질문해 보면 이 아이들은 다른 친구들보다 그 친구들을 왜 선호하는지 알지 못하지만, 그것은 바로 이 아이들이 가까이 지내는 그 친구들과 자신들이 비슷하다고 느끼기 때문이다. 물론 이런 모든 것은 무의식의 차원에서 일어난다. 이 아이들은 자신들과 어느 정도 같은 기준을 갖고 있는 친구를 찾는다. 이 아이들은 같은 것을 느끼면서 서로 이해하고, 그래서 잘 지낼 수 있다.

학교에서 어려움을 겪고 있는 유아에게는 흔히 이 한 측면 외에 그를 더 소외시키는 다른 증후들이 나타나는데 이러한 증후들은 몸을 통해서 표현된다. 그것이 우리가 일반적으로 행동 문제라고 부르는 것이다. 이 행동 문제는 아주 다양한 양상을 띨 수가 있다. 아주 심한 동요나 흥분에서 대대적인 억제까지 진행될 수 있는데, 이 둘 사이에는 다소 눈길을 끄는 수많은 도표들이 작성되어 있다.

유아들이 자신들의 고통을 말로 표현하는 일은 매우 드물다. 그런 경우는 유아들이 10세 또는 11세가 되었을 때 이따금 있기는 하지만, 그 전에는 자신들의 어려움이나 또는 행복하지 못하다는 단 하나의 사실을 말로 표현하는 유아는 거의 없다. 유아에게 있어서 행복이나 불행이라는 개념은 매우 추상적인 것이다. 단지 유아는 생활하고 그리고 행복을 느낀다. 그러나 불행 또한 느낀다.

성공, 어떤 성공인가?

만약 어려운 상황에 처한 유아가 학교에서 고통받고 있다면, 학교에서 잘해 내고 있는 유아 역시 고통받을 수 있다. 특히, 유아가 **너무** 잘해 낸다면 말이다. 유아가 너무 잘해 낸다는 것은 전통적인 그룹에서 유아가 있을 자리가 없다는 것을 의미한다. 말하자면 이 유아는 '앞서' 있다. 이때 전형적인 두 경우, 즉 유아가 '천부적으로' 앞서는 경우 또는 부모의 촉성 재배에 의해 앞서는 경우를 들 수 있다.

선천적으로 뛰어난 유아의 경우에 유아가 대체로 아주 쾌활하고 편안해한다면 큰 문제가 생기지 않는다. 이 유아는 단지 자신의 내력 덕택에 운 좋게도 더 빨리 나아갈 수 있는 자질을 갖춘 것이다. 이 유아는 다른 사람들에게 조화롭게 맞추는 능력, 수월하게 인간 관계를 맺는 능력을 가졌기 때문에, 경우에 따라서는 자신보다 한 살 더 많은 유아들과 함께 어울릴 수 있다.

학교 교육적으로 밀어붙여진 유아의 경우는 별개의 문제이다. 다른 활동들, 다른 능력들, 다른 관계들, 다른 오락들을 희생시켜서 지적 촉성 재배를 당한 유아 역시 고통받는 유아이다. 이 유아는 편안하지 않기 때문에, 자신의 본성 안에 있지 않기 때문에 고통받는다. 이 유아의 본성은 육체 · 정신 · 감정의 조화롭고 안정감 있는 발달을 요한다. 이 유아는 단지 자신의 욕구가 아니라 다른 사람의 욕구를 충족시키기 위해서만 성공하기 때문에 고통받는다. 이것이 우리가 속죄의 유아라고 부르는 것이다. 우리가 서론에서 말했듯이, 이 **유아는** 부모의 자기 중심적 **상처를 치료한다.** 분명히 말해서, 학교에서의 성공은 자녀의 성공을 통해 자신들의 욕구가 만족되는 것만을 보고자 하는 부모들에 의해서 과도하게 평가되어진다. 유아의 욕구뿐 아니라 권리 또한 고려되지 않는다. 다시 말하자면, 여기에서 유아는 부모의 고통을 보상하기 위해 있는 것이다. 인위적으로 '전진된,' 이런 유아는 신체적으로 불완전하고, 많은 경우에 서투르고 어설프다. 또한 이 아이는 다른 유아들과 함께할 여지가 없기 때문에 다른 유아들과 잘 어울리지 못한다. 이 아이는 학교 공부에서는 다른 유아들을 압도하지만, 인간관계의 면에서 볼 때 장애가 있는 유아이다. 감정적인 면에서 볼 때 제 나이인데, 간혹 부모에게 과도하게 의존한다는 점에서는 제 나이보다 아래다. 우리가 지금 말하고자 하는 소피의 경우가 그렇다.

소피, 학교에서의 성공이 전부가 아닌 경우

평균 지능지수는 100이라는 것, 인구의 3분의 2가 85-115 사이의 지능지수를 갖고 있다는 것을 우리가 알고 있을 때, 지능지수가 125인 소피는 혜택받은 어린 여자아이라고 말할 수 있다. 혜택받았다? 지적인 면과 학교 교육적인 면에서는 명백하다. 그 나머지에 대해서는…….

우리에게 소피를 봐 달라고 요청한 것이 5월이다. 요청한 사람은 소피의 담당교사였다. 이 교사는 초등학교 2,3학년의 수업을 맡고 있다. 교사가 보기에 상황은 분명하다. 소피는 7세이고 초등학교 2학년이지만, 학교 교육적인 면에서 소피의 자질은 1년의 시간을 벌 수 있을 정도이다. 교사 의견으로는 소피는 월반을 해서 초등학교 3학년으로 갈 수 있다.

소피 부모들의 직업적 활동에 관계된 이유로, 소피는 3개월부터 유치원에 들어갈 때까지 할머니가 키웠다. 소피는 "저는 주말마다 엄마, 아빠 집으로 돌아갔어요……"라고 우리에게 말했다. 그리고 요즈음은? "요즈음은 그 반대예요. 주말마다 할머니 집에 가요." 소피의 어린 시절에서 소피의 할머니는 중요한 자리를 차지한다. 너무나 중요해서 소피에게 만약 요정을 만나게 되는 모험을 한다면 무엇을 원할 것이냐고 물어보니 "……내가 죽을 때까지 할머니를 지키는 것…… 할머니가 항상 내 편이 되는 것이에요"라고 대답한다. 소피는 잠시 생각하고 나서, "……그리고 부모님도"라고 대답한다.

소피의 할머니는 교사이다. 이것은 그 자체로는 다행스러운 것 그 이상이다. 그러나 소피와 함께 있을 때 할머니이기 이전에 먼저 교사이다. 소피의 할머니는 우리가 후에 다시 언급하게 될 것들에 대한 이유 때문에 손녀의 성공에 집착한다. 결과에 대해서는 살펴볼 것이다.

소피는 쾌활한 아이인가? 소피와의 상담에 대한 분석은 소피가 활발하다는 것을 보여준다.

자신을 소개할 때 소피는 무엇보다도 신중한 아이처럼 보인다. 소피는 우리가 말을 걸 때에만 대답한다. 소피는 결코 스스로 자신의 의견이나 견해를 자유스럽게 표현하지 않는다. 소피는 수줍게 혼잣말을 한다. 이러한 수줍음은 집에서 할머니가 맛좋은 과자를 만들었을 때, 다른 사람들 앞에서는 감히 더 달라고 말하지 못할 정도로 자신을 부자유스럽게 만든다.

소피는 어떤 놀이를 하고 어떤 활동들을 하는가? "저는 인형을 갖고 놀고, 그리고…… 선생님 놀이." 혼자서? "네." 소피는 외동딸이고, 게

다가 집에 오는 친구가 없다. 소피는 친구 집에 가는가? "아니오"라는 간결한 대답이 나온다.

소피는 다른 유아들과의 관계를 쉽게 맺지 못한다. 소피는 비교적 혼자 있고, 그룹 밖에 있는 편이다. "그리고 저는 생각해요……." 소피가 말한다. 무엇에 대해서? "모든 것에 대해…… 즐겁거나 슬픈 것들…… 경우에 따라 달라요."

소피가 하는 활동들은? 소피는 바이올린을 켠다. 소피는 일주일에 두 번 음악 학교에 간다. 또 다른 한 가지 활동은 토요일마다 할머니 집에 교사가 와서 소피에게 특별 수업을 한다. 게다가 소피는 콩쿠르를 준비한다……. 그리고 바로 15일 안에 소피는 콩쿠르에 참가하러 리용에 간다. 소피는 한숨을 쉬면서 "저는 배가 아프지 않았으면 좋겠어요"라고 말한다. 소피에게 이런 일이 자주 있는가? "네, 저는 자주 배가 아파요……." 소피는 쉽게 잠들지도 못한다. 특히 푹 자는 것이 힘들다. "저는 간혹 12시 전에 잠들지 못해요." 그리고 "저는 불안해요…… 잠자지 않을 때는 여러 가지를 생각하는데, 저는 성공하지 못할까 봐 겁이 나요." 소피는 밤에 부모님을 부르는 일도 있다. 오래전부터인가? "아주 어릴 때부터요."

만약 소피가 학교에서 명백히 성공한다면, 그것은 인간 관계의 생활과 놀이 생활을 희생해서 성공하는 것이다. 소피는 유아의 불안을 대가로 성공한다. 어깨를 짓누르는 목적——학교에서의 성공과 음악에 있어서의 성공——들로 인해 어린 여자아이인 소피는 가장 혼란한 불안을 야기하는 과정을 겪게 된다. 우리는 소피가 행복하다고 말할 수 없다. 소피는 더 이상 쾌활할 수가 없다. 어쨌든 소피는 성공한 유아의 몫이 되어야 하는 태평함, 놀이, 다른 유아들과의 관계, 신체의 표현에서 완전히 벗어나고 있다. 소피는 유아기에서 벗어나면서, 만약 그동안에 그 점을 개선하지 않는다면 장차 인간 관계의 세계, 감정적이고 사회적인 세계에서 기분이 좋지 않을 수 있다. 소피는 전문적인 계획에 관한 세계에서는 자신의 자리를 갖겠지만, 다른 유아들과의 관계에서 생기는 즐거움, 주고받는 즐거움, 다른 발견들과 다른 만남들에 다가가는 즐거움의 혜택을 받을 수 있을까? 도에 지나친 금지 사항으로 옴짝달싹 못하고 **초자아**에 압도되고 지나치게 할머니에게 의존되어, 소피는 현재 육체적으로나 심리적으로 자기의 감정을 스스로 표출하지 못한다. 그러면 이런 맥락에서 볼 때 소피의 개인적인 행복은 어디에 있는가? 지금으로서는, 소피는 할머니의 욕구에 부응하면서 할머니를 행복하게 하는 데 큰 몫을 할 뿐이다.

우리가 소피의 가족에게 주는 충고는 다음과 같이 아주 간단했다: "소피를 초등학교 2학년에 그대로 다니게 하고, 신체적인 활동을 하도록 하며, 친구들을 만나게 하고, 다른 곳에서 그리고 학교나 음악 학교에서와는 다르게 감정을 표현하게 하세요." 소피는 초등학교 3학년 과정을 이수하는 게 가능했을 터이지만, 그것은 이미 너무 심하게 불안해하는 아이를 더 불안하게 하는 것이다. 소피 자신은 그것을 원치 않았다.

성공, 개인적인 목적

앞에서 우리가 말했듯이, 우리는 우리가 하는 일로 인해 고통받는 유아들을 자주 만나지만 쾌활한 유아들도 만난다. 밝은 유아들은 학급에서 그다지 상위권에 있지는 않지만 학교 과정을 정상적으로 이수

한다. 이 유아들은 자신들의 존재 안에서, 그리고 자신들이 속한 그룹 안에서 만족하고, 놀이를 하며, 서로 재미있게 지내고, 좋은 친구들이 있으며, 학교 밖의 활동을 한두 가지 하고, 말썽 피우고 가끔 성가시게 하지만 사랑스럽고 귀엽게 굴 줄도 안다. 쾌활한 유아들도 불행할 수 있지만, 육체적이고 정신적인 건강의 기반이 정상적이면 고통은 극복되고 지나간다. 쾌활한 유아의 정서적인 발달과 지적인 발달은 장미길이다. 그러나 장미에는 가시가 있다. 조용한 긴 강이 아니다. 다시 말하자면 발달의 단계는 항상 재조정, 갈등을 요구한다. **오직 이러한 갈등에 맞서 싸우고 이겨내려는 유아와 주변 사람들의 능력만이 바로 쾌활하고 자율적이고 자립적인 유아를 다른 유아들과 구별짓는다.**

학교에서 잘해 낸다는 것은 그곳에서 즐거움을 찾는 것이고, 다른 유아들 가운데에서 자신의 위치를 찾는 것이다. 학교에서 잘해 내고 있다는 것은 반드시 모든 학과에서 좋은 성적을 내는 것이 아니라 대체적으로 실망, 고통보다 만족, 기쁨을 더 느끼는 것이다.

학교에서 성공하는 것은 단지 자신과 다른 사람들을 위해 만족할 만한 학교 성적을 얻는 것뿐만 아니라 또한 친구들, 그리고 교사들과도 좋은 관계를 맺는 것이다. 그럼 모든 사람들과 좋은 관계를 맺어야 한다는 것인가? 분명히 아니다. 선호가 존재하고, 존재할 것이다. 그러므로 여기에서도 끌어내야 할 것은 도리어 전체적인 느낌이다. 끊임없이 갈등하는 유아와 '조롱의 대상'으로 이용되는 유아 사이에도 또한 무수한 도표들이 존재한다.

학교에서 잘해 낸다는 것은 또한 학교 규칙 때문에 힘들어하지도 않고, 또 전적으로 수동적이거나 순종하지도 않으면서 학교 규칙에 적응할 수 있다는 것이다. 그것은 실제로 유아가 다른 아이들과 생활하고 함께 놀이를 하고, 서로 친구가 되고 즐겁게 지낼 수 있지만 그 아이들을 존중하고 실내 유희의 규칙을 지키는 것이 중요함을 받아들인 것이고, 사회(다른 사람들)에서 함께 활동하고 고마움을 가지며, 그 대신에 자신이 존중된다는 기쁨을 느낄 수 있는 것은 이렇게 놀이의 규칙을 지키면서라는 생각을 받아들인 것이다.

혼동하지 말자. 학교에서 성공하는 것은 어떻게 보면 사회에서 성공하는 것이다. 뿐만 아니라 학교에서 성공한다는 것은 자신의 인생에서 성공하는 것이다. 우리는 그 점을 안다. 그러나 예외가 있다. 청소년기나 또는 그 이후에 사회에서 자신의 자리를 찾고 인생에서 성공하는 방법들을 찾은 유명한 독학자들·예술가들이 있다. 이들은 숲을 보지 못하는 나무들이고, 규칙을 공고히 하는 예외이다. 예외적인 사람들이 있다는 것은 사실이지만, 그들은 어떤 투쟁의 대가로 그렇게 되었는가? 무엇을 단념하는 대가로?

여기에서 우리는 학교가 완벽하다고 말하지 않는다. 학교가 사회 조직으로서 본보기라고. 우리가 말하는 것은 바로 학교란——단점과 장점과 함께——현재 우리 사회문화의 반영이고, 하여튼 자신의 자리를 찾기 위해 통과해서 지나가야 하는 꼭 필요한 필터라는 것이다. 학교는 개선될 수 있어야 하고 발전되어야 한다는 것을 모르지는 않지만, 대체적으로 학교는 20세기말에 우리가 속한 세상에서 대다수에게 적절한 것이다. 따라서 같이해야 한다. 그리고 될 수 있으면 최고로 개선되고 발전되도록 한다.

성공, 사회적인 목적

학교에서 자기 자리를 찾는다는 것은 사회에서 자기 자리를 찾는다는 것이다. 이 확인된 사실을 통해서 집단적인 틀에 합류하기 위해 개인의 틀을 단연 넘어서는 목적이 있다. 만약 전문가로서 먼저 고통을 덜어주는 것이 우리에게 중요하다면, 우리는 또한 시민으로서 학교에서의 성공이 유발하는 진정한 사회 문제에 관심을 기울여야 한다. 학교에서 성공한다는 것은 사회에 동화되는 데 성공한다는 것이다. 그것은 굴복하는 것이 아니라, 우리가 다른 사람들을 존중하지 않으면 우리도 다른 사람들에게 존중받을 수 없으며, 이 점이 그 기능을 발휘하기 위해서는 이 사회 놀이의 규칙을 지키는 게 중요함을 인정하고 받아들이고 이해하는 것이다. 이것을 오늘날 교외에서 발생하는 폭동 문제를 통해서 본다. 말하자면, 만약 이런 폭동을 이끄는 자들이 소외된 청년들이나 청소년들이라면, 그것은 이들이 대부분의 시간에 학교에서 자신들의 자리를 찾지 못하기 때문이다. 그들은 학교에서 겪은 고통과 실패로 인해 만족할 만하게 사회 통합 체계 안에 포함될 수 없었다. 소외된 이들 중 몇 명은 해가 감에 따라 조금씩 폭동을 일으키거나 증오심을 갖게 된다. 물론 우리는 여기서 실패의 극단적인 경우를 들고 있지만 이 현실 또한 존재한다. 정면을 직시하는 것이 우리에게 중요하다. 다시 말하자면 우리가 무시하기에는 고통과 위험이 너무 크다.

따라서 학교에서의 성공은 개인적 목적인 동시에 사회적 목적인 것이다. 다른 아이들과 잘 지내기 위해서 유아는 (그리고 성인은) 자기 자신과 잘 지낼 필요가 있다. 이것이 기본적인 전제이다. 유아가 대체로 삶에 그리고 특별히 학교에 흥미를 갖기 위해서, 그리고 학교에서 기쁨을 찾기 위해서 우선 일상 생활에서 생활하는 기쁨을 가져야 한다.

II

성공의 조건

우리는 일반적으로 받아들여진 생각을 즉각 버려야 한다. 학교에서 잘해 내려면 지능만으로는 충분치 못하다. 지성이 필요한 조건이지만, 충분한 조건이 되기에는 무척 거리가 있다. 총명한 유아들이 더욱더 늘어나지만 학교에서 고통을 겪고 있는 유아들도 거의 그만큼 있다는 것을 우리는 매일 확인한다. 우리는 눈에 띄게 총명한 아이가 왜 잘해 내지 못하는지 이해가 안 된다고 말하는 많은 부모들, 많은 교사들을 만난다. **똑똑한 것만으로는 충분하지 않다**는 것을 강조하자. 만약 이 지적 수단들이 다른 정신적인 유연함을 수반하지 않는다면 전혀 소용없을 수도 있다. 놀란 그 부모들과 교사들에게 우리는 다음과 같은 점을 설명한다. 유아——또는 성인——가 지적 학습 또는 경쟁력 있는 학교 교육 과정에 들어가기 위해서는 세 가지 정신적인 장치를 움직이게 해야 한다. 즉 동기가 부여되어야 하고, 정신적으로 자유로워야 하며, 그리고 마지막으로 충분히 풍부한 신경세포 도식을 지녀야 한다.

> ### 뉴런, 지성의 매체?
>
> 뉴런은 말하자면 지적 과정의 생리적인 '매체' 이다. 1824년 뒤트로셰의 문학사 안에 신경세포라는 단어가 나오지만, 뉴런이라는 단어 자체는 1890년이 되어서야 나타난다. 발데이어에 의해서일 것이다.
> 작가들에 의하면 우리는 태어날 때 비축된 1백40억에서 1천억 개의 뉴런이 갖춰지는데…… 우리는 매일 조금씩 뉴런을 잃어버린다. 뉴런은 시냅스에 의해 서로 연결, 결합된다.
> 지적 과정의 성능에 있어서 생리학적으로 더 중요한 것은 뉴런간의 풍부한 결합이다. 이 풍부한 결합은 누구나 하는 학습 또는 누구나 해낼 수 있었던 학습의 질과 다양성에 기인한다.

동기: 성공의 출발 신호?

경쟁력이 있는 습득 과정에 들어가기 위해 유아(또는 성인)는 그 학습에 대한 욕구를 가져야 하고, 동기가 부여되어야 한다. 이것이 첫번째 요점이다. 알고 싶은 욕구는 학습 과정의 출발 신호이다. 그것은 점화이다. 동기 없이는 고능률의 습득도 없다. 따라서 유아가 2 더하기 2는 얼마가 되는지를 자유 의지로 배우도록 할 수 있다. 만약 우리가 그것을 유아에게 충분히 반복한다면, 아이는 마침내 2 더하기 2는 4임을 알게 될 것이다. 그러나 만약 유아가 이와 같은 메시지의 합목적성을 이해하지 못한다면, 만약 유아가 자신을 위해 어떤 의미도 갖지 못한다면, 아이는 그것을 간직하지 못할 것이다. 그것은 가장 짧은 기간 안에 잊혀지는 인위적 · 피상적인 학습이 될 것이다.

다른 예를 들어 보자. 이 책을 읽고 있는 당신 그리고 우리들 자신도 오랫동안 공부했다. 그러면서도 다소 편안하게 학교에 다닌 그 모든 세월 동안 배운 것 중에 지금 우리에게 남은 것은 무엇인가? 거의 없다. 왜 그런가? 우리가 이러한 대부분의 교과 과목에 흥미를 갖지 못했기 때문이다. 교과 과목들이 어떤 욕구에도 부응하지 않았다. 중학교 1학년에 이집트 신화를 배우는 게 흥미진진할 수 있다는 것은 사실이다……. 단 교사 자신이 열정적이라는 조건에서 말이다. 만약 이와 같은 경우가 아니고, 만약 가족 중에서 이집트 신화라는 주제에 아무도 관심이 없다면, 그것이 흥미진진하다 해도 우리 기억에 강요되었던 것 만큼이나 빠르게 잊혀지게 될 것이다. 중학교 1학년에 배우는 라틴어는 정말로 사어가 될 수 있고 사어로 남는다……. 라틴어를 가르치는 사람이 특별하게 활기차고 힘차고 역동적이고 열정적일 경우를 제외하고 말이다.

동기, 즉 알고 싶은 욕구만이 경쟁력 있는 학습, 확실한 학습, 지속적인 학습을 발생시킬 수 있다. 동기는 지식의 획득 과정의 기반이다. 우리는 이 동기를 촉진하는 조건에 대해 41쪽에서 다시 이야기할 것이다.

정신의 유연함

올바른 학습에 필요한 두번째 정신적인 '장치'는 **정신의 유연함**이다. 분명히 말해서 이것은 유아가 노력할 수 있기 위해서는 유아의 정신에 관계되는 에너지가 있어야 한다는 것을 의미한다. 만약 이 정신

에너지가 다른 곳, 즉 너무 많이 적응하는 갈등이나 방어 갈등에 동원
된다면 유아는 '자유로운 정신' 을 갖지 못한다. 이 아이는 '딴 데 정
신을 팔고 있는' '멍하니 생각에 잠겨 있는' 유아 또는 교사들이 흔
히 말하는 '꿈꾸는 아이' 이다. 혼동하지 말자. 만약 이 유아들이 교실
에——또는 간혹 다른 곳에——참여하지 않는다면, 그것은 이 아이
들이 그럭저럭 지내고 있는 현실에서 도망치기 때문이다. 또한 생활
하기 너무 힘든 현실과 맞서 싸우기 위해 견고한 정신 조직을 확립했
기 때문일 수도 있다.

우리는 여기에서 사소한 걱정·염려, 즉 모든 사람의 평범하고 일
상적인 몫인 걱정과 근심의 차원을 말하는 것이 아니다. 우리는 여러
달, 또는 여러 해 동안 매일매일 지속되는 잘못된 관계, 사건들에 그
뿌리가 있는, 한층 더 심오하고 때로는 무의식적인 분야에 대해 말하
고 있다.

지적으로 능력을 갖추기 위해 유아는 최대한의 자유로운 정신 에너
지를 사용해야 한다. '듣지 않는,' 그래서 아주 여러 번 청력의 문제
는 없는지 반문해 보게 하는 유아는, 다섯 번 중에 네 번 '정신을 딴
데 팔고' 있다. 이 유아의 경우, 정신에 관계되는 에너지가 빠져나가
거나 또는 저항하고 있다. 우리는 유아를 정신적으로 유연한 분위기
에 안주시키는 요소, 요인이 무엇인지 55쪽에서 알아볼 것이다.

문제에 대한 이 첫번째 접근에 대해 간단하게 결론을 내리자면, 동
기와 정신의 유연함을 학습 과정에서 중요한 두 요인으로 들 수 있다.
기술적인 용어로 이 두 요인을 **능동적 과정**이라고 부른다. 이 **능동적
과정**은 습득에 필요한 세번째 정신적 장치, 즉 인지 과정을 완성한다.

인지 과정

　인지 과정은 풍성한 신경기체, 풍성한 뉴런 결합, 풍성한 신경회로를 총괄한다(28쪽의 글상자 내용 참조). 이러한 것들은 언제 그리고 어떻게 발달하는가? 단지 발달 초기의 처음 몇 년에 걸쳐서 발달한다. 놀이, 주변 환경의 발견, 다른 사람들과의 교류 등의 덕택으로 유아의 신경세포 결합은 증가되고 신경기체는 풍부해진다.

　이러한 순환을 안정시키기 위해서 경험들이 다시 발생되고 적시에 이루어져야 하며, 그리고 이 경험들은 유아에게 만족할 만한 환경 안에서 이루어져야 한다.

이러한 과정 안에서 지능이란?

　요약해 보자. 능동적 과정(동기 그리고 정신의 유연함), 그리고 인지 과정(풍부한 신경기체)은 바람직한 학습 과정에 꼭 필요하다. 학교에서의 성공은 바로 이 세 가지 요소의 효율에 달려 있다. 다시 말하자면, **오로지 만약 이 세 가지 요소가 공존한다면 우리는 효과적인 지적 과정을 획득할 수 있다.**

　게다가 지능에 대한 대부분의 토론에서 왜곡되는 것도 이 점이다. 순수한 생리적 역량(인식 과정)과 정신에 관계되는 역량(동기와 정신의 유연함)이 흔히 혼합되는데, 한쪽과 다른 한쪽은 아무런 관계도 없다. 또한 이 세 구성 요소가 없어서는 안 된다는 사실이 왜 우리가 같은 신경학 자료를 가지고 이러이러한 분야에서 더 성과를 거두고 있는지를 설명해 준다.

　따라서 우리는 종이 한 장을 검게 하는 어떤 능력을 가지고 있다 하더라도 자동차의 극히 사소한 고장에도 완전히 당황하게 된다. 모터는 우리에게 수수께끼이다. 반대로 자동차 정비공은 이 모터를 가지고 우리가 감탄하는 경이로운 일을 해낸다. 그 반면에 정비공은 하얀 종이 앞에서는 매우 부족함을 드러낸다. 간단한 편지 한 장 쓰는 것이 정비공에게는 특히 견딜 수 없는 지루한 일이다. 이 정비공은 우리보다 더 또는 덜 똑똑한가? 그렇다. 그저 다르게 똑똑하다. 정비공의 지식 또는 우리의 지식이 사회적·문화적으로 더 알려졌는지는 또 다른 문제이다. 우리, 즉 정비공과 우리는 서로 다른 지능을 가졌다.

　노벨 문학상 수상자의 옷을 벗기고 그를 아마존 숲의 가장 깊숙한 곳에 데려다 놓으면, 그의 지능이 비록 뛰어나다 하더라도 그를 살아남게 하지는 못한다는 것을 당신을 알게 될 것이다. 아마존의 원주민을 상상해 보자. 원주민에게 옷을 입히고 타자기 앞에 데려다 놓으면, 원주민은 위에서 말한 노벨 문학상 수상자만큼이나 무기력할 것이다. 노벨 문학상 수상자와 아마존 원주민은 둘 다 특별한 지능의 형태를 가지고 있다. 우리 정비공의 개인사뿐만 아니라 위의 두 사람의 개인사와 우리의 개인사는 우리의 관심, 우리 각자가 받은 교육, 우리의 환경이 우리로 하여금 이러이러한 능력을 발전하게 했거나 또는 키우지 못하게 만들었다. 따라서 만약 지능이 존재한다면 학교 교육에 관한 지능, 즉 우리의 사회문화 안에서 존재하는 것이 분명하다(33쪽 글상자 내용 참조).

학교 교육에 관한 지능

학교 교육에 관한 지능은 우리 사회문화 안에서는 일정한 조건들을 만족시켜야 한다. 만약 학교에서 가장 잘 성공하는 유아들이 교사의 아이들과 상급 간부의 아이들이라면, 이 아이들의 가치 기준이 집에서 관심을 쏟는 가치와 합치되기 때문이다.

— 집에서 월등하게 평가되는 문화 · 지식 · 책들을 본다는 사실은 특별한 동기에 대해 영향을 미친다.

— 학교의 교육 지표와 일치하여 집안의 교육 지표를 갖는다는 사실은 유아들이 적응하는 노력을 전혀 하지 않고 집에서 학교로 옮겨 가게 해준다.

— 학교에서 사용하는 언어와 정확히 같은 언어를 집에서 사용한다는 사실은 학교에서 완전히 편안하게 한다 등등.

따라서 학교 교육에 관한 지능은 신장되기 위해 특별한 문화, 특별한 언어, 특별한 동기, 특별한 교육 지표를 필요로 하는 지능이다.

모든 부모들이 하나의 지능이 아니라 **여러** 지능이 존재한다는 것을 이해하는 게 중요하다. 이 점은 또한 뛰어난 몇몇 학교 열등생들의 전문적인 성공을 설명할 수 있다. 이들이 전문적으로 성공하기 위해서는 동기가 학교에서 얻는 지식이 아닌 다른 곳에 있고/있거나 이들의 신경 구조가 학교에서 요구하는 분야가 아닌 다른 분야에서 신장되거나 발달되는 것으로 충분하다.

그러면 밝고 명랑함이란?

우리가 지능에 대해서 꼭 짚고 넘어가야 한다면, 우리 아이들의 밝고 명랑함에 대해서도 잊으면 안 된다.

우리가 방금 이야기한 것과는 반대로, 관대한 부모(들)가 기뻐할 측면이 있다. 사실, 만약 알고 싶은 욕구, 정신의 유연함, 인지 과정, 이세 가지 정신 장치가 학교에서 성공하기 위해 필요하다면, 앞의 두 가지는 유아가 밝고 명랑해지기 위해서도 필요하다. 바로 이렇게 해서 유아가 밝고 명랑하게 성공할 수 있다.

동기에 연관된 첫번째 요점은 알고 싶어하고, 배우고 싶어하고, 흥미를 가진 유아는 생기발랄하다는 점이다. 이런 아이는 다른 사람들에 대해 개방되고, 사물에 대해 열려 있고, 세상에 관심을 가진다. 욕구와 호기심이 없고, 흥미가 없는 유아는 내성적이 되며 방어 태세를 취한다. 이 아이는 바로 항상 큰 정신의 고통을 안고 있다.

주의하라! '변덕스러운' 유아의 함정에 빠지지 말아야 한다. 우리는 어떤 것도 마음에 두지 않고 한 놀이에서 다른 놀이로 옮겨다니는 어린 남자아이나 어린 여자아이를 두고 말하는 것이다. 이렇게 이리저리 옮겨다니는 것은 많은 관심을 반영하는 게 아니다. 그것은 자리를 지키지 못하게 하는 유아의 불안을 반영하는 것에 불과하다. 외부에서 보기에 많은 것을 알고 싶어하고 발견하고 싶어하는 욕구로 나타날 수 있는데 사실은 유아의 불안 증상에 불과하다.

우리가 이미 말한 것처럼, 동기가 부여되고 흥미를 가진 유아가 모든 면에서 그렇지는 않다. 이 유아는 전반적으로 그렇지만 선택적인 분야를 갖고 있다. 그 분야가 동물·식물·독서·운동 등등일 수 있지만 유아가 그 분야에 대해 말할 때, 그 분야에 헌신할 때, 많은 주의, 많은 열정을 기울인다.

그러면 정신적으로 유연한 유아는? 우선 무엇보다도 안정된 유아이다. 육체적·정신적으로 안정된 유아이다. 그러나 여기서도 또한 주의하라! 안정되는 것이 과잉 보호되는 것은 아니다.

안정된 유아는 육체적이고 정신적인 본래대로의 상태가 위협받지 않는 유아이다. 이런 아이들은 편부·편모 가정인지 아닌지에 따라 한두 개의 '**감정적인 안정의 기반**'을 갖는다. 기본적이고 중요한 '감정적인 안정의 기반'은 물론 분명히 어머니이다. 9개월 동안 유아의 모든 생리적인 안정을 확실히 하는 것은 바로 어머니이다. 후에 이 역할을 대부분 계속해서 해내는 사람도 대체로 어머니이다. 생리적으로 뿐만 아니라 상징적으로도 유아가 태어나는 것도 어머니를 통해서이다. '태어난다'는 것은 여기에서 두 가지 의미가 있다. 어머니는 유아의 첫번째 기준점이다. 아기를 살아 있게 하려는 사람은 바로 어머니이고, 아기는 어머니에 의해 살아 있다. 말하자면 유아를 부양하고 굳건히 보살펴 주는 사람은 바로 어머니이다. 긴장을 해소시켜 주고 유아의 필요, 욕구에 부응할 사람은 어머니이다. 위니콧이 묘사한 것처럼, 만약 어머니가 '충분히 좋은' 사람이라면 유아는 안정된다. 유아는 매초, 매 시간, 날마다 자신의 욕구와 싸우고 자신의 긴장과 맞서 싸우지 않아도 된다. 유아는 안전하다. 유아는 그 사람에 대해 기대할 수 있고, 그리고 그것을 매 순간 할 수 있다. 그때부터, 그리고 만약 어머니가 아이에게 허락한다면, 아이는 후에 세상을 발견할 수 있을 것이다.

유아는 세상에서 충돌할 수 있고, 재조정하고 적응할 수 있으며, 갈등을 겪을 수 있지만, 만약 유아가 어머니의 사랑을 잃지 않을 것이라는 사실을 내면화한다면 이러한 것들은 극복되고 타협될 수 있을 것이며 동화될 수 있을 것이고, 그리고 결국 진전을 가져오고 발전의 근원이 될 수 있을 것이다.

아버지의 역할

아버지도 물론 이 유아의 안정에서 하는 역할이 있다. 아버지는——만약 신생아 때부터 아이를 돌보게 된다면——본질적인 안정의 기반까지도 될 수 있다.

그렇지만 우리의 사회문화 안에서 아버지의 '안정의 기반' 역할은 특히 사회적이다. 만약 어머니가 세상에서 안정의 기반이라면, 아버지는 사회에서 더 한층 안정의 기반이라는 것이다. 친절하고 안심시키고 정이 넘치는 자신의 존재로 어머니와 자녀 사이에 존재하는 강한 관계를 부수게 되는 것이 바로 아버지이다. 또한 육체적·상징적인 의미에서, 아이의 손을 잡고 아이에게 다른 사람들과 사회, 그리고 사회의 규칙들을 발견하도록 해주는 사람도 아버지이다. 아버지 자신의 유일한 존재는, 유아가 동화되도록 이끌어질 사회의 첫번째 고리이다. 아버지가 존재하기 때문에 유아는 엄마와 더불어 세상에서 혼자가 아님을 이해하게 될 것이다. 세상에는 다른 사람들이 있고, 그리고 이 다른 사람은 우선 아버지임을 이해하게 될 것이다. 이 다른 사람은 생물학적 아버지일 수도 있지만 엄마 곁에 있으면서 갈라 놓는 제삼자, 즉 더 넓은 사회로 나아가기 전에 갈라 놓는 첫번째 제삼자가 될 수도 있다.

'자기 자신보다 더 강한' 무의식

　정신적으로 유연한 유아는 결국 무엇보다도 안정된 유아이다. 안정이 되지 않는 유아는 자신을 위협하는 긴장, 불안에 맞서 싸우는 데에 자신의 모든 육체적 · 정신적 에너지를 모을 것이다. 물론 이러한 모든 것들은 무의식 수준에서 이루어진다. 이렇게 불안하기 때문에 계속해서 움직이는 유아는 왜 계속해서 움직이는지를 설명하는 능력이 없다. 그렇게 하는 것이 '자기 자신보다 강하기' 때문에 아이는 그렇게 한다. 그리고 '우리보다 더 강한' 어떤 것이 우리를 움직이게 할 때, 그것이 우리의 무의식이라는 것을 알아야 한다. 만약 안정감이 유아에 의해 조금씩 동화된다면, 불안정감도 또한 똑같이 조금씩 동화되기 때문이다. 이런 경우에 유아는 예를 들어 학교의 아주 차분한 환경에서 잘 있을 수 있는데, 그렇다고 해서 아이를 못 움직이게 하지는 못한다. 유아에게 어떤 위험도 없다는 것을 의식적으로 유아가 보고 또 사람들이 보여주지만, 유아는 무의식적으로 항상 불안하다. 그렇기 때문에 학교나 가정에서 접하는 대부분의 행동의 문제점이 야기하는 이해 부족과 오해가 생긴다. 오늘날 우리가 확인하는 점이 가끔 매우 오래된 원인까지 거슬러 올라간다는 것을 이해하는——그리고 받아들이는——일이 대단히 어렵고, 무의식의 중요한 기능을 이해시키는——그리고 받아들이게 하는——일은 한층 더 어렵다. '우리 자신보다 더 강한' 무의식은 형태를 변화시키는 놀라운 공명상자이다. 예를 들어 당신은 어떤 근심, 어떤 두려움도 없이 집을 나설 수 있다. 그리고 당신은 가스를 잠갔다는 것을 완전히 확신한다. 이것은 몇몇 강박관념자들의 경우가 아니다. 그 사람들은 가스가 잠겼다는 것을 보고 잘 의식하지만 이들의 무의식, 즉 '그들보다 더 강한' 무의식은 가스를 잘 잠갔는지를 다섯 번, 열 번, 열다섯 번 또는 스무 번 다시 확인하도록 만든다. 그렇지 않으면 그들의 불안은 엄청나다. 따라서 이 불안과 맞서 싸우기 위해 그들은 많은 에너지를 소모한다.

이것이 바로 해결해야 할 무의식의 문제를 갖고 있는 유아에게 일어나는 일이다. 따라서 이에 맞서 유아가 소모하는 에너지는 막대하다. 게다가 이 아이는 주변을 성가시게 할 수 있다. 어쨌든 이처럼 에너지를 소비함으로써 유아는 학교 활동 또는 단지 놀이에조차 집중할 수 없게 된다.

자립적인 유아로 만들기

만약 바람직한 유연한 정신을 위해 안정이 **필요 불가결한 조건**이라면, 그 조건이 유일한 것은 아니다. 그 조건에는 유아의 결집되는 능력, 독립적이고 혼자 어려움에 맞서는 능력이 수반되어야 한다.

이것은 단지 유아가 어떤 방식으로든 그런 종류의 시련에 습관들여졌을 때에만 가능하다. 만약 아이에게 이러한 습관을 갖게 해준다면 아이는 '습관' 들게 된다. 간단한 예로 유아의 옷 입는 습관을 들어 보자. 유아는 생리적으로 3-4세 때부터 혼자 옷 입는 능력을 갖는다. 우리는 상담을 통해 5,6세 또는 7세까지 혼자서 옷을 입지 못하는 유아들을 만나는 일이 아직도 아주 흔히 있다. 유아에게 옷을 입히는 것은 엄마이다. 이러한 유아들은 교실에서 학업을 잘해 낼 수 없다. 이 아이들은 혼자 과업에 직면해서 책임을 진다는 것이 불가능하다. 그건 놀라운 일이 아니다? (앞으로 다시 살펴보게 될 많은 이유들 때문에) 자립적인 습관이 들지 않은 이 유아들이 하룻밤 새에 그렇게 될 수 없다는 것은 분명하다. 정서적으로 이 아이들은 스스로 책임질 준비가 되어 있지 않다. 이 아이들은 항상 어떤 사람을 기대할 것이다. 이 아이들은 시련에 맞설 아무런 준비도 갖추지 않았다.

우리가 방금 이야기한 것처럼, 만약 동기가 부여되고 정서적으로 자유로우며 충분히 풍부한 신경기층을 갖고 있다면 유아는 학교에서 성공할 것이다. 이런 세 가지 성공의 조건을 갖추면 유아는 성공하는 모든 기회를 가지겠지만, 이 조건들이 갖춰지지 않으면 어려움을 겪게 되거나 또는 실패할 것이다.

이 세 가지 정신적인 장치 중에 두 가지는 (동기와 정신의 유연함) 또한 인격의 조화롭고 활기찬 발달에 꼭 필요하다. 따라서 이 두 가지는 우리가 길게 다룰 만하다.

III

동기 부여하기

무엇보다도 먼저, 동기 부여가 학교에서의 성공의 출발 신호라는 것을 상기하자. 유아에게 동기가 부여되면 될수록 성공할 기회는 더 많아진다. 유아가 활달하면 할수록 또한 성공할 기회가 많아진다. 왜냐하면 동기가 유아로 하여금 앞으로 나아가게 하고, 역동적으로 만들며 유아에게 삶의 목표를 주기 때문이다. 동기는 유아를 정신적으로 풍부하게 만든다.

어떻게 동기를 부여하는가?

동기는 서로 나누는 기쁨으로부터 부여된다. 이 쾌감 없이는 동기 부여도 없다.

이러한 주장은 우리가 기억하는 유아기와 학급에 대한 몇 가지 추억들로 충분히 뒷받침된다. 바로 알베르 카뮈의 사후에 발표된 작품 《최초의 인간》(갈리마르, 1994)에서 어린 시절을 회상한다. 작품 속의 인물들은? 어린 알베르 카뮈는 잊혀진 어머니에 의해, 그리고 독선적인 할머니에 의해 키워졌다. 아버지는? 아버지는 돌아가셨다. 그러나 그 자리에 학교가, 제자들의 마음을 사로잡을 줄 아는 교사 베르나르 씨가 있었다. 카뮈의 이야기를 들어보자.

알베르 카뮈의 선생님

그렇다, 학교는 아이들에게 단지 가족으로부터의 도피처만을 제공한 것이 아니었다. 적어도 베르나르 선생의 반에서는 성인에게보다 아직은 유아에게 더 중요한 욕망, 바로 발견에 대한 욕망을 학교에서 키워 주었다. 다른 반에서는 아이들에게 틀림없이 많은 것들을 가르쳤겠지만 그것은 거위에게 먹이를 강제로 먹이는 것과 같았다. 그들은 잘 삼켜 줄 것을 바라면서 완전히 만들어진 양식을 아이들에게 내놓았다. 제르망* 선생의 반에서는 아이들이 자신들이 존재한다는 것, 그리고 가장 많이 신경 쓰는 대상이라는 것을 처음으로 느꼈다. 아이들이 세상을 알아야 마땅하다고 판단했다…….

* 여기서 작가는 교사의 실명을 사용한다.

여기서 우리는 이 몇 줄의 글을 통해, 교사가 가르침에 의해, 그리고 자신의 학습 방법에 의해 어느 정도까지 유아의 개성을 발전시킬 수 있었는지 생각해 볼 수 있다. 학급의 다른 아이들보다 카뮈에게 있어서 훨씬 더 했다는 것은 의심할 여지가 없다. 아주 훌륭하고 아주 경이적인 이 교사는 아버지의 빈 자리를 메워 주는 훌륭한 대행자가 아닌가?

우리는 작가의 이야기를 통해서 배우고자 하는 동기 부여의 뿌리, 후에 글을 쓰려는 동기의 뿌리를 찾을 수 있지 않은가? 작가의 이 상상력을 누가 자극했겠는가? 누가 끌어냈겠는가? 그리고 그와 같은 일들이 훌륭한 방식으로 이루어지면 질수록 그 교사는 무의식적으로 학생의 마음속에 둘도 없이 소중한 사람으로 자리잡았다.

이 글을 읽는 당신은 틀림없이 같은 종류의 예를 기억하고 있다. 당신에게도 틀림없이 우리들처럼 1년 동안에 배우려는 욕구를 불러일으키는 방법을 알고 있었던 그런 교사들 중에 한 사람이 있었다. 그 교사가 당신에게 주었던 것은 우선 즐거움이었다. 교사 자신이 말해 주고 보여주면서 너무나 만족하고 즐거워했기 때문에 그 만족, 그 쾌감은 '쉽게 전파되었다.' 우리는 그 교사와 함께 교사가 맛보았던 그 쾌감을 일정한 방식으로 나누고 싶었다. 쾌감과 함께 나누고 싶은 욕구, 알고 싶은 욕구가 생긴다. 그리고 이런 모든 것은 힘들이지 않고 아주 자연스럽게 일어난다. 반대로 큰 기쁨과 함께 생긴다.

일상에서의 동기 부여

일상의 동기 부여는 매일매일 체험하는 일들을 함께 나누는 즐거움을 통해 일어난다. 경험한 일들을 나누는 이런 쾌감은 유아가 생활 속에 일어나는 사건에 대해 흥미, 호기심을 갖도록 해준다.

구체적으로 이것은 아주 어릴 때부터 유아를 가족 생활 안에, 가족의 계획 안에 포함시켜야 한다는 것을 의미한다. 그러기 위해서는 유아 주위에서 맴도는 사람들을 유아에게 말하고 이야기해 주고 호명해야 한다.

말을 통해 이루어지는 동기 부여

동기를 부여하기 위해서는 말을 해야 한다. 그리고 아주 어릴 때부터, 갓난아이 때부터 해야 한다. "자, 여기 할머니가 계시다⋯⋯"라고 아기에게 말해야 한다. "자, 여기 멋진 궁전을 보렴⋯⋯." 아기의 시력이 미숙해서 완전히 볼 수 없을 때조차도, 아기는 **궁전**(château)이라는 단어를 듣는다. 아기의 시력이 궁전을 분별할 수 있는 날, 아기는 단어와 사물을 연관시키는 것에 만족할 것이다. 그리고 그때 사물은 의미를 갖게 된다. 아기가 아직 말할 줄 모르기 때문에(아기는 아기의 방식으로 말한다) 아기에게 말하지 말아야 하는 것은 아니다. 우리는 아기들이 우리가 말하는 것들을 느낀다는 사실을 돌토에 의해 알게 되었다.

유아에게 말을 하게 되면 유아는 능동적이 된다. 말하자면 유아는 더 이상 수동적이 아니다. 유아는 우리와 함께 유아가 성장하는 환경의 역사, 가족사 안에 포함되었다. 그리고 유아는 그 안에서 역할을 맡는 것에 만족한다.

유아에게 관심을 갖고 유아의 관심을 끈다

유아에게 말을 하고 상황과 사람들에 대해 유아에게 설명하고, 그것에 대한 유아의 생각, 의견을 물어본다는 사실은 유아의 삶에 의미를 준다.

나중에 학교에서 성공하지 못하는 유아들의 경우, 가정에서 체험한 일이 적다는 사실이 확인된다는 것은 아주 놀라운 일이다. 우리는 차라리 가정 환경에 대한 언급이 빈약하다는 사실에 관해 말해야 할 것이다. 이런 유아들에게는 모든 것이 마치 아무것도 아닌 것처럼, 또는 거의 아무것도 아닌 것처럼 언어화되지 않은 채 일어난다. 사건들은 체험되지만 말해지지는 않는다. 마치 가족의 구성원 각자가 동시에 진행되고 있는 삶을 살고 있는 것처럼 모든 일이 지나간다.

따라서 불안정한 유아들의 대부분은 자신의 생일, 형제자매의 나이, 부모들의 정확한 직업, 조부모의 이름 등을 모른다. 이 아이들은 의미를 나타내는 말이 거의 오가지 않는 곳에서 산다.

실제로 우리는 자신의 가족 생활에 관심이 없는 유아는 자신이 교실에서 하는 것에도 관심을 갖지 않는다는 것을 항상 확인한다. 그러나 유아는 이런 감정적인 무관심에 대해 책임이 없다. 만약 유아가 지금의 자신에게, 다른 사람들에게 관심이 없다면 그것은 바로 그들이 아이의 흥미를 끌지 않은 것이다. 그들은 아이가 흥미를 갖게 하지 않았다.

유아가 나중에 학교에서 하는 일에 흥미를 갖도록 하기 위해서는 먼저 유아 자신, 자신의 신분, 지금의 자신, 체험하는 사건 등에 관심을 가져야 하고, 그 다음에 가족의 생활에 관심을 가져야 한다. 이러한 순서로 일들이 이루어져야 한다. 유아는 동화되면서 자기의 신분, 지금의 자기 자신을 의식하면서 가족의 다른 구성원들에게 관심을 갖게 된다.

우리가 개인적으로 갖는 유아에 대한 이런 관심은 임신과 함께 시작되고 아기가 태어난 첫해, 아기가 가장 의존적인 첫해를 통해 그 정점에 이른다. 유아가 자신의 주변에 관심을 가질 수 있는 것은 자신의 고유한 가치, 고유한 관심을 내면화하면서이다.

물론 우리가 유아에게 갖는 관심에 말을 보탠다면 그것에 그치지 않는다. 시각을 통해, 촉각을 통해, 모든 감각을 통해 흥미가 유발된다. 삶의 의미는 인간의 모든 감각 속에서 싹튼다.

유아가 나중에 학교에 관심을 갖기 위해서는 먼저 가까운 혈연 관계에 관심을 가져야 한다. 먼저 자신, 그 다음에 엄마, 그리고 가족의 다른 구성원들에 관심을 가져야 한다. 아니면 어떻게 달리 유아가 그렇게 할 수 있겠는가? 만약 유아가 확고하고 생생한 이러한 현실, 즉 자신과 다른 사람들에 먼저 관심을 갖지 않는다면 어떻게 추상적 개념인 학교 규율에 관심을 가지라고 요구하겠는가?

계획을 세워 동기 부여하기

동기를 부여하기 위해서는 또한 계획을 세워야 한다. 그것은 충분히 이해할 만한 간단한 이유 때문에 그렇다. 계획이라는 개념에는 목적, 목표가 포함되고 미루어진 수확의 획득, 시간을 두고 얻게 되는 만족이 포함된다. 동기 부여의 원동력은 다른 데에 있는 것이 아니고, 우리가 방금 살펴본 것처럼 당장에 나누는 쾌감일 수도 있고, 또한 후일 얻게 되는 쾌감일 수도 있다.

예를 들어 여러 시간 동안 빨리 뛰어 몸을 덥게 하기, 신체 유연 체조, 근육 발달 운동을 매일 하는 높은 수준의 육상선수는 달리 행동하지 않는다. 훈련을 통해서 얻고자 하는 기록만큼 이러한 연습들이 그에게 만족을 주는 것은 아니다. 선수에게 동기를 부여하는 것은 훈련의 고통이 아니라 그 고통이 선수에게 가져다줄 승리의 만족이다. 동기는 바로 계획 안에 잘 포함되어 있다.

또 다른 예를 들어 보자. 일요일 아침 수 킬로미터를 달리려고 애쓰는 부인——또는 신사——은 다른 일을 하지 않는다. 운동 그 자체보다 부인(신사)이 얻고자 하는 결과에 대한 생각이 더 중요하다. 이 부인(신사)을 달리게 만드는 동기는 고유하다. 그 동기는 몸무게를 몇 킬로그램 줄였으면 하는 바람이거나 날씬한 몸매, 육체적 시험을 이겨낸 만족, 항상 젊다는 느낌 등을 얻으려는 바람일 수 있다. 동기는 다양하고 각자에게 고유하다. 확실한 것은, 여기에서도 역시 기쁨은 나중에 온다는 것이다.

그러나 이런 과정은 유아의 삶 안에서 일찍 자리잡아야만 가능하다. 나중에 얻게 되는 기쁨은 말을 통해서보다는 경험을 통해서 이해된다. 학교에서 거의 동기가 부여되지 않는 유아에게서 우리는 무엇을 주목하는가? 그것은 가족의 계획에 포함되어 있지 않은 유아가 아닌가. 유아가 체험하는 것은 유아 안에 그날그날 남아 있다. 유아는 내일이 무엇으로 이루어질지 모른다.

보상에 의해 또는 위협에 의해 '움직이는' 것은 바로 이 유아들이다. 이 아이들은 '당근과 채찍'이라는 오래된 좋은 원칙에 순종한다. "만약 네가 학교에서 공부 잘하면 너는 이것 또는 저것을 갖게 될 것이다……." 또는 "만약 공부를 잘하지 않으면 너에게 돌아가는 것은 이것이다……." 이 원칙은 상의 시간 또는 벌의 시간으로 작동된다. 더 이상은 없다. 다음날 그리고 그 다음날에도 계속해서 상을 줘야 한다. 그저 '효과가 없을' 때까지. 이 아이들은 명백히 가족의 계획에 포함되어 있지 않았다. 이 아이들은 지연된 기쁨의 개념에 동화되지 않았고 내면화하지 않았다. 이 아이들은 단지 즉각적인 기쁨만을 알뿐이다. 이 아이들은 기쁨은 나중에 오리라는 생각을 알지 못하고 '느끼지' 못하고 내면화하지 못한다. 왜냐하면 그것을 경험으로 배우지 않았고 그것을 체험하지 않았기 때문이다.

시간을 두고 얻게 되는 쾌감은 어떻게 발생하는가?

후일로 미루어진 쾌감은 교육적인 일관성에서 싹튼다. 이 기쁨은 유아가 자기 혼자만의 기쁨이 아니라 현실에 직면하는 것을 배운다는 사실을 통해 생긴다. 이것이 바로 정신분석에서 **쾌감 원칙에서 현실 원칙으로의 이행**이라고 부르는 것이다. 이 이행은 출생하는 순간부터 이루어지고 유아는 계속해서 이 이행과 부딪치게 될 것이다. 유아는 **자궁 속에서** 쾌감 원칙 안에 있다고 생각할 수 있다. 거기에서는 유아의 모든 욕구가 만족된다. 출생과 함께 현실 원칙이 생겨나고, 유아는 다른 사람들과 함께 타협해야 한다. 모유 또는 분유는 규칙적인 시간표에 따라 주어지고, 이것은 유아가 젖을 떼는 순간까지 계속해서 점점 더 시간차가 벌어진다. 이 과정은 최상의 경우에 압박감 없이 그리고 말, 애정, 갓난아이에게 기울이는 우리의 관심 등으로 이 경험을 대체하면서 점차적으로 이루어진다. 우리는 유아가 이러한 강제들을 받아들이도록 이끈다. 그러나 규칙적인 시간표는 유아에게는 욕구 불만이다. 그럼에도 불구하고 만약 이것이 잘 이루어지면 유아는 자신의 위장에 덜 의존하기 때문에 그로부터 후일로 미루어진 쾌감을 얻

고 주의에서 매우 인정받게 된다. 유아는 점차적으로 욕구 불만, 불쾌
감은 쾌감이 따라올 수 있다는 사실을 받아들인다. 다시 한번——반
복하지만——이는 잘 지나가야 한다.

유아에게 요구에 따라 모유나 분유를 주려는 엄마를 지금 상상해 보
자. 무슨 일이 일어날까? 유아는 즉각적인 쾌감 원칙만을 받아들일 것
이다. 유아는 즉각적인 쾌감 없이는 나중에 가지게 될 모든 것들에 관
심이 없을 것이다.

실제로 유아는 자신의 욕구, 자신의 쾌감만 있는 것이 아니라 다른
사람들의 욕구, 기쁨이 있다는 것을 차차 배운다. 유아는 함께 배워
야만 한다. 사실 다른 사람들이 유아를 존중하는 만큼 유아는 다른
사람들을 존중해야 한다(50쪽 글상자 내용 참조).

그날그날 동기 부여하기

어린-왕과 어린-노예 사이에 어린-신하가 있다. 어린-신하는 존
중받고 다른 사람들을 존중한다. 이런 유아는 계획이 필요하다. 계획
을 짜는 것은 동기 부여하는 것을 배우는 것이다. 어떤 방법으로? 그
것은 가족적인 사건들을 치르면서 아주 간단하게 이루어질 수 있다.
당신은 다음 주 일요일에 상냥한 고모(이모)를 만날 것인가? 그것을
아이에게 말하라. 돌아오는 토요일에 숲 속에 산책하러 갈 계획인가?
그것도 역시 아이에게 말하라. 2주일 있으면 형제자매 중의 생일 파
티가 있겠지? 그날을 위해 어떤 그림을 그릴 수 있는지 아이에게 물
어보라.

어린-왕에서 어린-노예까지

어린-왕은 아무것도 거절당하지 않는 유아이다. 이 아이는 독선적인 유아이다. 자신의 만족, 자신의 욕구만 있고 세상에 혼자만 있다. 이 아이에게는 아무것도 거절하지 않으며 아이는 요구하는 모든 것을 가능한 시간 안에 얻는다. 이렇게 해서 아이는 어떤 속박도 받아들이지 않고, 다른 사람들도 존재하고 그들도 역시 살아갈 권리가 있다는 사실을 전혀 고려하지 않는다.

이런 유아는 학교에 흥미를 갖지 않을 가능성이 매우 높다. 왜 그런가? 왜냐하면 아이가 즉각적인 만족의 개념만을 동화하기 때문이다. 아이에게 즉각적인 결과로 얻게 해주지 못하는 모든 것은 부정적이 될 것이다. 아이는 후일 얻게 되는 즐거움을 위해 가끔 노력하고 기다리는 것이 중요하다는 사실을 받아들이지 못한다. 이 아이는 모든 다른 유아들처럼 알고 싶어하겠지만 (무의식적으로) 배움의 유용성을 이해하지 못할 것이기 때문에 어떤 식으로든지 배우려는 욕구를 갖지 않을 것이다.

어린-노예는 그 반대이다. 이 아이는 전적으로 다른 사람의 욕구에 따르고 자신의 욕구는 결코 고려되지 않는다. 어린-노예의 즉각적인 기쁨이나 후에 오는 기쁨 모두 완전히 무시된다. 이 아이는 경우에 따라서는 마주 앉은 사람의 기쁨에 일치하는 경우에만 기쁨을 얻을 수 있을 것이다.

어린-노예는 어김없이 갖게 되는 실망에 맞서기를 원하지 않기 때문에 자신의 모든 욕구를 잠재우게 될 것이다. 더 이상 욕구가 없는 이 유아는 더 이상 실망도 없다……. 결국 나중에 이 아이에게 학교에 관심을 가지도록 요구하는 것은 소용없는 일이다. 관심은 이 아이의 생활에서 영원히 추방되었다.

어떤 계획이든지 다 좋다. 그리고 아이가 이 계획의 수취인인 것이 좋다. 그러면 아이는 존재한다는 것을 의식하고 사람들은 아이에게 관심을 갖고, 그리고 아이는 거기에서 장차 다가올 기쁨이 있을 수 있다는 것을 안다. 가끔은 그것을 기다려야 한다는 것을.

세탁기를 사야겠지? 왜 이것을 아이에게 말하지 않는가? 아이 역시 이 계획에 대해 기뻐할 수 있다. 요컨대 아이의 내의 역시 세탁기에 넣어진다…….

우리가 아주 평범한 이런 예를 통해서 말하고자 하는 것은 유아가 끼어 있는 모든 계획은 유아에게 좋다는 것이다. 그 계획이 가족에 관계된다는 점에서, 그리고 그것이 즐거운 계획인 만큼 기쁨의 원천이라는 것이다.

그후에 유아에게 읽기를 배우게 하려는 계획이 있다는 것과 그 계획에서 어떤 만족을 얻게 될 것인가를 말해 주려고 할 때, 아이는 기쁨은 나중에 온다는 것과 다소 재미없는 일련의 연습을 통해 읽기를 배워야 한다는 것을 '알 것이다.' 유아는 그러한 사실을 알 뿐만 아니라, 그 기쁨을 맛보기 위해 그렇게 하기를 원할 것이다.

모범의 효능

동기 부여에 있어서 누가 모범의 효능에 대해 충분히 말할 것인가? 우리의 부모들과 조부모들은 "좋은 모범이 됐어야 했다"라고 자주 말하곤 했다. 이는 오늘날 더 이상 듣지 못하는 말이다. 그렇기는 하지만…….

읽기의 경우를 들어 보자. 부모가 즐겁게 또는 관심 있게 읽는 것을 본 유아에게는 읽기에 대한 흥미에 관해 긴말이 필요없다. 특히 만약 부모들이 읽은 것에 대해 가끔 이야기하고 같이 나눈다면 (읽은 모든 내용에 대해 상세한 주석을 다는 것은 불필요하다: 남용은 없는 것 만큼이나 해롭다) 더욱 그렇다. 당신은 읽기를 싫어하는가? 당신은 그래도 읽는다. 하는 수 없이. 그것이 단지 텔레비전 프로, 선호하는 잡지의 요리법 또는 커피 끓이는 기계의 사용법들뿐일 것이다. 이렇게 빈약한 읽기도 당신이 자녀와 그것을 나눈다면 충분할 수 있다. 그리고 읽을 때에 자녀를 무릎에 앉히고 큰 소리로 읽으면 자녀는 읽는 것이 필요하다는 것을 이해할 것이다. 아이는 읽기가 유용하다는 것을 알 것이다. 만약 당신이 자녀가 잠들기 전에 짧은 이야기를 읽어 준다면 아이도 같은 일을 할 것이다.

그러나 주의하라! 강제로 하지 마라. 특히 아이를 억압해서 하거나 불만족스럽게 하지 마라. 아이는 그것을 당신의 기쁨만큼이나 느낄 것이고 그 결과는 당신이 추구하는 것과는 반대일 것이다. 만약 당신이 달리할 수 없다면 아주 적게 하라, 그러나 신념을 가지고 열정적으로 하라.

또한 당신의 개인적인 계획에 대해서도 말하라. 당신은 시험을 치르고자 하는가? 당신은 승진할 것인가? 계약을 성사시키기 위해 여행을 떠날 것인가? 일하기 위해서? 특히 만약 이런 모든 것이 당신을 흥분시킨다면 그것을 아이에게 이야기하고 함께 나누어라.

반대로 만약 당신이 당신의 일에 대해 끊임없이 불평하거나 또는 만약 참을 수가 없다면 일의 미덕이나 기다림의 미덕에 대해 아이에게 미사여구를 늘어놓는 것은 소용없다. 이런 경우에는 단지 당신이 있는 상태와는 정반대인 의도를 정확하게 말하는 것이 더 낫다. 본보기는, 아이를 위해서 가르침을 동반하는 말과 일치되어야 한다. 유아는 형성되기 위해 진실이 필요하다. 참된 말만이 안심시킨다.

따라서 동기는 공유된 기쁨에서 나온다. 그러나 이 기쁨은 즉시 느낄 수도 있고 또는 나중에 느낄 수도 있다. 가장 어려운 것은 후일 기쁨을 느낄 수 있다는 것을 깨닫게 하는 일이다. 이는 아기가 출생하자마자 즉각적인 기쁨과 후일로 연기된 기쁨 사이에서 항상 발생되는 실망을 부모가 애정과 사랑과 말로 완화시키는 가운데 아기 스스로 '터득한다.' 동기는 계획을 양식으로 삼지만 그날그날 체험한 본보기 또한 양식으로 삼는다. 기쁨이 없다면 욕구도 없다.

IV

유아의 안정

안정된 유아는 자신의 부모를 믿을 수 있다는 것을 아는 유아이다. 프로이트가 강조했듯이, 이 유아는 정신분석학적인 용어로 **대상의 항구성**을 획득했다. 안정된 유아는 육체적·정신적으로도 위협받는다고 느끼지 않는다. 유아의 환경은 날마다 재검토되지 않는다. 이 유아는 자신을 돌봐 주는 사람 또는 사람들을 믿을 수 있다는 것을 (비록 아기일지라도) '안다.' 유아는 자신의 이러이러한 태도에 부모가 이러이러한 태도를 취할 것임을 대체적으로 안다. 유아는 이러한 태도가 자신을 금지의 세계나 죄의식의 세계에 가둬두지 않는다는 것과, 자신을 발전시킨다는 것을 '안다.' 또한 유아에게 내리는 금지 사항들이 유아를 위험에 빠뜨리거나 사회 구조를 위험에 빠뜨리기 때문에 주어진다는 것을 유아는 안다. 유아를 가두어 놓는 것과는 거리가 먼, 이러한 금지들은 안정감을 주는 지표들과 같은 것이다. 유아는 표지를 잘 설치한 길 위에 있다. 유아는 갇히지도 않고 허망함에 직면하지도 않는다. 유아에게는 다른 사람들의 자유를 침해하지 않으면서 자기를 발전시키는 충분한 자유 공간이 있다.

유아의 안정에 대한 욕구는 근본적으로 정서에 관계되는 욕구이다. 이 욕구는 유아의 정상적인 발달에 필요한 기본 조건이다. 이 욕구는 후일 학교에서 잘해 내기 위해 필요하다. 이러한 안정 없이는, 유아는 조리가 맞지 않는 불투명하고 걱정스러운 불확실한 세계에서 성장하고, 아이의 개성은 끊임없이 주위의 변화에 적응해야 할 것이다.

어떤 불안인가?

불안은 다양한 방식으로 나타날 수 있다. 유아에게 있어서 기준이 되는 얼굴, 기준이 되는 사람이 바로 어머니라는 것을 잊지 말아야 한다. 우리가 앞에서 이미 말했듯이, 유아의 안정의 기반은 어머니이다. 어머니를 통해서 유아는 세상에 나아간다. 유아의 존재 이유는* 초기에는 어머니이다. 따라서 엄마는 유아의 안정에 중요한 근본 요소이다. 어쨌든 어머니는 이 역할을 해야 한다. 어머니는 이 역할을 할 수 있어야 한다.

자신 스스로가 어려움을 겪고 있는 엄마, 의식적인 또는 무의식적인 심한 갈등을 겪고 있는 엄마는 자기 아이에게 필요한 안정을 가져다줄 수 없음은 확실하다. 또한 우리는 여기서 일상의 사소한 걱정, 일시적인 사건들이나 문제들에 대해 이야기하는 것도 아니다. 우리는 유아기에 그 근원이 있는 문제들에 대해, 상당히 가혹한 혼란에 빠진 결론을 만들어 내는 문제들에 대해 말하는 것이다. 바로 현재 알방에게 일어나는 일이다.

---

* '존재 이유' 라는 표현은 여기서 두 가지 뜻이 있다. 즉 존재 이유라는 뜻과 이 존재, 즉 유아가 존재 이유가 되는 동기라는 뜻이 있다.

알방, 가족 안에서 고립된 유아

알방은 유치원 5-6세 반에 다닌다. 알방에게서 두드러지는 점은 무엇인가? 알방은 늘 움직이고 쉬지 않고 돌아다니며 자리에 앉아 있지 못한다. 이 모든 점은 알방의 교사가 말한 것이다. 이런 점 외에도 알방은 감정적인 요구가 많다. 알방은 계속적인 접촉, 특히 어른과의 접촉을 갈망한다.

물론 다른 사람, 그 사람의 눈길을 계속해서 찾는, 이러한 지속적인 불안에 싸여 있는 어린 남자아이는 유치원에서 하는 취학 전 습득을 할 수 없다. 육체적으로나 심리적으로 자리를 지킬 수 없기 때문에, 이 아이의 정신적인 에너지는 어떤 일을 위해서도 동원될 수 없다. 게다가 알방은 주어진 놀이에 대해서도 같은 태도를 보인다고 교사는 적는다. 알방은 놀이를 충실히 이행하는 데 가장 큰 어려움을 갖고 있다.

알방의 이야기는 슬프다. 더구나 알방 어머니의 이야기도 또한 슬프다. 알방의 아버지는? 아버지는 더 이상 알방 곁에 없다. 집에서는 의붓아버지가 알방을 돌본다. 의붓아버지는 알방을 돌보기는 하지만, 그 자신이 말하듯이 '알방은 그것을 느끼지 못한다.' 알방의 의붓아버지는 알방을 대하는 일이 쉽지 않다. 아이를 때릴 경우에만 아이를 보는 알방의 어머니 또한 마찬가지이다.

이러한 어머니에 대해, 특히 이 엄마의 유아기에 대해 말해보자. 알방의 어머니 역시 맞으면서 자랐다. 아주 심했던 것 같다. "아버지는 나를 굵은 소금 위에 무릎을 꿇게 하고, 두 손을 머리 뒤에 대게 하고 ……." 그리고 몇 년 뒤에 등골을 오싹하게 하는 사건에 대해 폭로했다.

알방 어머니의 부모와 더불어 알방 어머니의 '감정에 관한' 보고서들은 끔찍한, 때론 아주 소름끼치는 것들만 있었다. 여기서 우리는 알방 어머니와 더불어 여전히 반복되는 현상을 보고 있는데, 이 현상은 왜 맞고 자란 부모들이 아이들을 때리는 일이 되풀이되는지를 설명해 준다. 이러한 대화 수단은 그것이 잔혹하다 할지라도 그들이 알고 있는 유일한 것이다…….

알방과 알방 어머니 사이의 아주 힘든 이러한 접촉에다가 다른 문제가 겹쳐진다. 그것은 바로 알방의 정체성 문제이다. 왜냐하면 알방에게는 형제가 있는데, 이 형제는 의붓아버지의 아들들이어서 의붓아버지의 성을 따르기 때문이다. 어머니는 처녀 때의 성을 가지고 있다…….따라서 이 가족은 세 개의 성으로 구성되어 있다. 즉 어머니의 성, 의붓아버지와 의붓아버지 아들들의 성, 그리고 알방의 성…….

단지 난폭하게만 자신을 대하는 어머니, '알방을 느끼지 못하는' 의붓아버지와 더불어, 자신의 신분과 함께 혼자인 알방은 자신이 누구인지 모른다. 알방은 또한 안정되어 있지 않다. 알방의 안정의 토대는 어떤 것인가? 알방에게는 그것이 없다. 양쪽에서 버림받은 알방은 집에서 갖지 못하는 애정과 관심을 주위에서 구한다. 진정한 접촉, 근본적인 접촉, 아주 없거나 또는 있더라도 단지 난폭하게 갖게 되는 어머니와의 접촉, 전적으로 불안정한 알방은 자신의 모든 에너지를 다른 사람들과 접촉하는 데 쓴다.

이 예는 확실히 우리가 일상적인 걱정, 일시적이고 골치 아픈 문제들과는 거리가 멀지만, 유아에게는 중요하다는 것을 보여준다. 세르주 르보비치*는 **"좋은 어머니가 되기 위해서, 어머니들은 행복해야 한다. 그러면 어머니들은 유아들과 아기들을 행복하게 하고……"**라고 쓰고 있다. 우리는 이와 같은 주장에 단지 동의만을 할 수 있을 뿐이다.

우리는 매일 그것을 확인한다. 그러나 이 어머니는 또한——그리고 특히——먼저 행복한 여자가 되어야 한다. 만약 한 어머니가 자신의 아이들을 통해서만 행복하다면 여기에는 위험이 따른다. 어머니에게 위험하고, 아이들에게 위험하다. 먼저 어머니의 행복이 자신의 아이들에게만 의존한다는 점에서 어머니에게 위험하다. 그리고 의존, 그것이 어떤 것이든지 의존한다는 것은 위험하고, 그리고 부분적으로는 어느 정도 의존하는지에 따라 그렇다. 유아들은 엄마의 걱정 한가운데에 있기 때문에 역시 위험하다. 엄마는 아이들을 걱정하면서 아이들을 안전하게 하겠지만, 이 과잉 보호는 또한 아이들이 필요한 자립에 접근하지 못하게 할 것이다(60쪽 글상자 내용 참조).

안정의 기반

유아의 감정에 관한 필요 불가결한 안정의 기반은 어머니라고 우리는 말했다. 어머니의 확고부동함, 어머니의 논리적 일관성에 유아의 미래가 달려 있다. 우리가 여기서 사용하는 '안정의 기반'이라는 표현은 독자를 거슬리게 하지 않을 것이다. 우리는 이 표현 뒤에 그 어떤 기계론적인 암시적 의미도 부여하지 않았다. 이 표현에는 어머니와 아이를 잇는 인간 관계의 또는 교육적인 요소만큼이나 감정에 관한 요소도 포함되어 있다. 이 표현의 냉담하고 물질적인 측면이 당신을

---

* Serge Lebovici, François Weil Halpern, 《갓난아이의 정신병리학 *Psychopathologie du bébé*》, PUF, 1989.

안정과 과잉 보호를 혼동하지 않도록 주의하라!

전자와 후자는 다르다. 전자는 자립하게 하는 반면에 후자는 자립하는 것을 막는다. 몇 년 전부터 '극진하게 비호받는 유아'에 대해 논하고 있다. 엄마가 암탉처럼 '응석을 지나치게 받아 주는' 그런 아이들에 관한 문제이다. 그렇게 행동하면서 엄마는 아이에게 필요한 안정은 주겠지만, 이 안정이 지나쳤다. 그렇게 지나치게 비호하면서 엄마는 아이가 모든 학습에 내재된 위험한 짓을 감행하는 것을 금한다. 유아에게 기울이는 보살핌과 보호는 겉으로 보기에 어떤 위험도 없는 세상에 아이를 맡기는 것과 같은 것이었다. 실제로는 그렇지 않았지만 엄마는 아이를 위험으로부터 보호하기 위해서 보살피고 보호해야 하는 부담을 떠맡는다. 그렇게 하면서 엄마는 아이를 비현실적인 세계에 가두었다. 이 엄마의 자녀가, 특히 학교에서 현실에 부딪쳐야 했을 때, 아이는 완전히 무력했다. 다시 말하자면 아이는 현실에 대해 완전히 잘못 이해하고 있었다. 아이는 자신 앞에 놓여진 장애물에 맞서 스스로 책임질 수 없었다. 지난날 지나치게 보호받던 유아가 오늘날에는 과잉 보호받는 유아이다.

놀라게 할 수 있는 반면에 이 측면이 자신의 아이를 위한 한 어머니의 전형을 조명한다는 장점이 있다. **엄마는 아이를 낳은 엄마이고, 아이가 떠날 엄마이다.** 엄마는 감시하든 감시하지 않든 여전히 자녀를 최대한 돌보는 엄마이다. 그래서 우리는 열 명 중에 아홉 명의 독자가 남성이 아니라 여성이라는 것을 잘 알고 있다.

따라서 이 안정의 기반인 어머니가 확고하고 건강한 것이 중요하다. 어떻게 그것을 알 수 있는가? 어떻게 하면 한 어머니가 자신이 '좋은 어머니'가 될 수 있는 모든 기회를 가졌다는 것을 알 수 있을까? 그러기 위해서는 자신의 유아기에 관심을 가지는 것으로 '충분하다(!)' 만약 어머니 자신이 행복하고 활발한 유아기를 보냈다면 이 어머니는 행복하고 활기찬 어머니가 되는 모든 기회를 가진 것이다. 반대로 만약 어머니가 심한 갈등을 겪었다면 이 어머니는 그것을 되풀이할 가능성이 높다. 이것이 바로 우리가 **반복 현상**이라고 부르는 것이다. 이 반복 현상은 개인(남자 또는 여자)이 성장되었던 방식을 무의식적으로 되풀이하는 것을 말한다. 개인은 같은 교육 형태를 재현하면서 또는 완전히 대응되는 교육 형태를 재현하면서 반복 현상을 만들어 낼 수 있다.

그렇기 때문에 우리는 "나는 내 아버지(또는 어머니) 같다"라고 말하거나 또는 반대로 "나는 결코 내 아버지(또는 어머니)처럼 하지 않을 것이라고 늘 스스로에게 말한다 ……"고 하는 어머니들 또는 아버지들을 종종 만난다.

이런 반복 과정은 관계가 다소 좋았을 경우에는(이상적인 관계는 존재하지 않는다) 대수롭지 않다. 관계가 좋지 않았을 경우에 가장 유감스러운 결과를 낳는다. 반복 과정이 일치하든지 서로 대응하든지, 우리는 항상 지나치게 되거나 의존하게 된다. 그런데 우리가 만날 유아는 잘못을 보상하는 속죄의 유아이다. 이 유아를 통해서 좋지 않게 체험된 감정이 보상될 것이다. 소피의 경우를 기억해 보자.

소피, 내력이 반복될 때

앞의 II장에서 우리가 이야기한 소피의 경우는 명백한 반복의 사례이고, 우리가 만난 가장 눈길을 끄는 사례들 중에 하나이기도 하다.

기억해 보자. 소피는 교사인 할머니가 키웠고, 심하게 학교 공부를 시켰다. 할머니는 딸을 원했었는데 아들을 얻었다. 할머니가 낳은 아들 역시 심하게 학교 공부를 하게 했다. 그저 다음과 같다. 아들(소피의 아버지)은 어머니의 기대에 부응하지 않았다. 반대로 아들은 반항했고, 강요하는 어머니에게 맞서기까지 했다. 아들은 자신에게 강요되었던 교육을 받지 않았다. 어느 날 아들은 어머니가 바랐던 대로 신문에 실렸다. 그러나 그것은 어머니가 기대했던 동기 때문이 아니었다.

어쨌든 자신의 아들에게 걸었던 소피 할머니의 소망이 소피에게 옮겨간 것은 사실이다. 소피의 할머니는 개인적인 상처를 소피를 통해서 치유하려 했다…….

그러나 우리의 (실제로 일어난) 이야기는 여기서 그치지 않는다. 소피의 할머니도 조부모에 의해서 키워졌다는 것을 알아야 한다. 역시 교사인 소피 할머니의 부모는 아들을 원했다. 소피 할머니의 부모도 원치 않았던 딸을 가졌고, 특히 학교 공부의 차원에서 딸을 끊임없이 과소평가했다. 말하자면 소피의 할머니는 부모의 기대에 부응하지 못했다.

이렇게 소피의 할머니는 유년기로 거슬러 올라가는 자신의 상처를 손녀를 통해 치유하려 했다.

소피는 4세대에 걸쳐 잘못 해결된 갈등, 잘못된 협상의 결과이다. 소피는 단지 감정적인 측면을 희생해서 지적인 면에 과도하게 가치가 부여된 교육의 결과일 뿐이었다. 물론 모든 것은 무의식적인 차원에서 이루어졌다.

부모와 조부모는 딸과 손녀딸을 사랑한다고 말하곤 했다. 단순히 서로가 그렇게 행동하도록 밀어내는 보이지 않는 힘에 의해 이끌어졌다. 그것은 서로가 유아기의 문제점을 잘못 해결했기 때문이고, 자신들이 그 문제들로 인해 고통받았기 때문이며, 소피에게 평온함과 조화를 더 가져다줄 수 없었기 때문이다.

　현재 소피는 자신을 사랑하는, 그리고 학교에서의 성공에 그다지 찬성하지 않은 부모와 학교에서의 성공에 과도하게 가치를 부여하는 할머니 사이에서 늘 이러지도 저러지도 못한다. 이러한 맥락에서, 소피가 불안해하는 것은 결코 놀랄 만한 일이 아니다…….

　우리는 여기서 다시 우리의 의도를 명확히 해야 한다. 우리는 또 확신해야 한다. 어쨌든 뿌리 깊은 갈등이나 심각하게 혼란에 빠진 관계와 연관되어 있다. 불가피한 사소한 말다툼, 간혹 일어나는 약간 날카로운 반응들, 일시적인 불화는 대수롭지 않다. 자신의 부모님과의 관계에서 이런저런 다소 격하기 쉬운 일화를 가지지 않은 사람이 누가 있겠는가? 이것보다는 조금 더 하지 않았다거나 저것보다 충분하지 않았던 것을 유감으로 생각하지 않는 사람이 누가 있겠는가? 힘들고 감당하기 어렵고 권위적인 또는 완전히 관용주의적인 관계와 일시적으로 일어나는 사소한 근심은 구별되어야 한다. 아주 엄격한 교육, 애정의 완전한 부재와 '……이기 때문에 17세에 허락되지 않았던 외출,' 그리고 '이러이러한 말다툼 후의 저녁에 하지 않았던 뽀뽀……' 와는 구별되어야 한다.

　중대한 문제와 일시적인 사건을 구별짓는 것은 시간상의 연속성과 지나친 반복이다. 지나치게 엄격한 부모는 지나치게 엄격한 아이를 만들거나 또는 반대로 지나치게 온건한 아이를 갖게 될 것이다. 완전히 냉담한 부모는 애정이 없는 아이나 지나치게 보호되는 아이를 갖게 될 것이다. 반복은 일치해서 또는 정반대로 일어날 것이다(64쪽 글상자 내용 참조).

악순환에서 벗어나기

우리는 악순환의 반복 과정을 단축시킬 수 있다. 이 반복 과정이 매우 무의식적인 현상이라는 것을 언급해 보자. 이 현상의 근원은 유년기에 있으며 행동 방식, 사고 방식의 동화이고, 성인이 된 유아가 제 차례가 되어 똑같이 반복하거나 완전히 정반대의 모델을 택해 반복하는 인간 관계 방식이 동화된 것이다.

특히 이 과정이 무의식적이기 때문에 거기에서 벗어나는 가장 효과적인 방법이 정신요법이다. 정신요법만이 문제의 근원을 밝힐 것이다. 단지 이 방법만이 반복적 메커니즘을 분산시키면서, 문제에서 벗어나게 할 것이다. 사정이 그렇기 때문에 정신요법은 단지 문제가 심각할 때에만 정당화된다. 또한 이 요법은 고통의 강도에 따라 정당화된다. 심리학의 의무가 중대한 병리학에만 국한된다고 생각하지 말아야 한다. 심리학의 의무는 먼저, 특히 인간의 고통에서 그 정당성을 찾는다. 이 정신요법은 자기 자신과 더 바람직하도록 돕기 위한 것이다. 자신과 잘 지내야 다른 사람들과 잘 지낸다.

폴린의 경우는 유아에게 있어서 안정이 중요하다는 사실을 잘 보여줄 것이다.

폴린, 버림받을까 두려워하는 유아

폴린은 5세이고, 몇 달 전부터 유치원 5-6세 반에 다닌다. 숱이 많은 머리를 단발로 잘랐고 얼굴은 둥글다. 붙임성 있어 보이는 작은 여자아이이다. 그러나 폴린의 담임 교사는 놀란다. 이 교사는 폴린이 유치원에 입학한 첫해부터 폴린을 안다. 지금까지 폴린은 재치가 넘쳤다. 아주 뛰어나기까지 했다. 폴린이 모든 활동에서 보여준 결과는 훌륭했다.

그런데 이번 신학기초부터 폴린은 덜 능률적이고 흥미도 훨씬 덜 나타낸다. 자신에게 요구하는 모든 것에 많은 열정을 가지고 전념하던 폴린이 그 이후로, 더 이상 같은 기쁨을 나타내지 않는다. 이런 뜻하지 않은 태도에 놀란 교사는 2월경에 우리에게 도움을 청했다. 무슨 일이 일어났는가?

모든 것은 2-4세 반에서 시작되었다. 이때 폴린의 부모는 이혼한다. 겉으로 보기에 모든 일이 잘 지나갔다. 작은 여자아이에게 사건들에 대해 말했고, 부모들은 폴린을 볼모처럼 이용하지 않았다. 아버지와 어머니는, 비록 헤어지고 의견이 맞지 않는다 하더라도 서로 존중한다. 그리고 자녀 역시 존중한다. 아무도 작은 여자아이의 태도에 특별한 변화를 언급하지 않았다. 5-6세 반에 들어갈 때까지 2년이 지나갔다. 이때 폴린을 불안하게 하는 여러 사건들이 돌발한다.

가장 중요한 사건은 이상하게도 가족과 직접적으로 연관되지 않았다. 폴린의 가장 친한 친구들 중에 하나인 카롤린의 부모가 이혼한다. 불행하게도 그들의 경우에는, 전혀 잘 진행되지 못했다. 너무나 과격하게 헤어졌고, 너무나 힘들어서 카롤린의 거취를 법원이 결정했다. 카롤린은 폴린의 학교 친구였는데, 신학기에 학교에 돌아오지 못했다……. 폴린은 이해하지 못한 채, 극적으로 끝나는 이 과격한 헤어짐을 보고 체험한다.

이 사건과 병행해서 폴린의 엄마는 신학기에 한 연수 과정에 등록한다. 이 교육은 폴린을 돌보는 방식을 바꾸어야 한다는 것을 의미한다. 실제로 월요일 낮 동안에는 폴린이 그날 저녁에 어디서 자야 할지를 알 수 없다. 아버지 집에서? 어머니 집에서? (…) 또는 할머니 집에서?

일들이 다소 급격하게 이루어졌기 때문에 폴린을 불안하게 했다. 게

다가 유치원에 5-6세 반이 두 반이 있기 때문에, 출생 일로 인해 폴린은 가장 친한 친구들과 헤어지게 되었다.

그 일은 어린 여자아이에게 중요하다. 한 어른에게서 다른 어른에게로 이리저리 돌아다니고, 불안해져서 폴린은 학교에서 자신에게 요구하는 것에 정신을 집중하지 않는다. 폴린은 무의식적인 두려움을 갖고 있다. 카롤린처럼 버려진다는 두려움을……

폴린은 2월 방학에서 학교로 돌아왔을 때, 이러한 두려움을 위장한 형태로 우리에게 알렸다. 폴린은 조부모와 함께 스페인에 있었다.

"길에서 저는 혼자 있는 어린 남자아이를 봤어요……. 거기에 아무도 없었어요. 아시겠어요!? 혼자요! 그 아이 부모가 그 아이를 버렸어요. 자기 아이를 버리는 부모들이 있다는 것을 아세요?"라고 폴린은 우리에게 말한다.

분명히 이 어린 남자아이의 이야기는 자신의 이야기이다. 유기에 대한 두려움도 자신의 두려움이다. 카롤린의 이야기가 부모의 이혼 사건을 다시 생생하게 했다. 이 두려움은 새로운 가족 상황에 의해 굳어졌다. 게다가 학교에서 폴린은 안정감을 갖게 하는 친구들과 헤어졌다.

우리는 폴린을 안심시키고 부모와 함께 다시 만날 것을 청했다. 죄의식을 갖게 하지 않으면서 모든 이야기들이 꾸밈없이 오갔다. 이 이야기에서는 아무도 잘못을 저지르지 않았다. 그저 주의하지 않은 요소들이 모여서 어린 여자아이의 정신에 특별한 반향을 일으켰다……

안심이 되고 안정되어서, 폴린은 지금 지적 발견을 하는 데 또다시 자신의 에너지를 발산하고 있다.

그러면 아버지의 역할은?

　만약 유아 안정의 첫번째 토대가 아이의 어머니라면, 두번째 기반은 아이의 아버지이다. 이 일에서 아버지의 역할은 간접적인 만큼이나 직접적이다. 그날그날 아버지의 존재가 아이의 생활에 리듬을 주고 안정시킨다는 점에서 직접적이고, 어머니와 함께 아이 교육을 책임지며 어머니를 안정시키기 때문에 간접적이다.

　아버지의 역할의 이 두번째 면은 특히 불안해하는 어머니의 경우에 정신에 강하게 호소한다. 만약 어머니가 매우 불안해한다면 그 배우자는 상당히 도움이 될 수 있다. 그러기 위해서 먼저 배우자의 불안을 이해해야 한다. 이런 이해가 없으면 죄의식을 갖게 할 위험이 그만큼 높아진다. 그리고 죄의식의 느낌은 불안해하는 어머니에게 항상 있다는 것을 알아야 한다. "나는 해야 할 것을 하지 못한다" "나는 내가 할 수 있는 최선의 것을 하려고 노력하지만 그렇게 해내지 못한다" "나는 좋은 어머니가 아니다" 등등, 이런 말들은 우리가 불안해하는 어머니들에게서 가장 자주 듣는 말이다. 만약 불안이 의식적으로 억누를 수 없는 전적으로 무의식적 현상이라는 것을 이해하지 못한다면, 아버지는 자신의 배우자를 지탄함으로써 그런 감정을 더욱 굳게 할 것이다. 따라서 "그건 내 잘못이야……"라는 말에 "그건 저 사람 잘못이야"라는 말을 보태게 된다. 그때부터 어머니의 불안은 진정되는 것과는 거리가 멀어지고, 배로 강화됨을 우리는 알고 있다.

　이 극단적인 경우를 들지 않아도 교육에 있어서 책임을 공유하는 것은 명백히 안도감을 주는 요소임은 분명하다. 중요한 결정을 위해서 뿐만 아니라 사소한 결정을 하는 경우에 있어서도 확실히 그렇다. 그것이 바로 우리가 **교육적 조화**라고 부르는 것이다. 이런 개념의 관점에서 우리는 유아 교육 방식에 대한 일종의 무언의 동의와 존중에 귀를 기울인다. 이는 부모들이 전반적으로 같은 교육적 가치와 도덕적 가치를 실천한다는 것을 의미한다.

부모에게 이것을 설명하기 위해, 우리는 자동차 은유를 자주 사용한다. 우리는 부모를 자동차의 헤드라이트로 비교할 수 있다. 두 개의 헤드라이트가 같은 방향을 비추면 길은 그만큼 더 잘 밝혀질 것이다. 반대로 완전히 분산된 조명은 아이를 어둠 속에 빠져들게 한다. 길은 더 이상 밝혀지지 않는다. 아주 단순한 이유에 대해서도 그렇다. 즉 아이의 주된 두 지표, 아이가 가장 인정하고 있는 두 지표는 아이에게 정반대의 말을 해주고, 아이에게 모순되는 것들을 요구한다. 누가 옳은가? 아빠 또는 엄마? 아이에게 이 사람 저 사람 모두 중요하다. 그리고 아이는 선택하지 않을 것이다. 선택하지 않으므로 아이는 불확실하게 되고, 부조화 속에 있게 된다.

그렇다고 해서 모든 것을 동의해야 하는가? 물론 아니다. 완전한 조명은 존재하지 않는다. 중요한 것은 주요한 지도 방침이다. 이 지도 방침 안에서의 조정들은 언제나 가능하다.

그리고 의견이 맞지 않을 경우는? 그럴 경우에는 말과 다른 사람에 대한 존중이 그뒤를 이어야 한다. 그리고 다음과 같이 아이에게 말해야 한다: "아빠(또는 엄마)는 그렇게 생각하지만 나는 이렇게 생각한다. 내가 반드시 옳은 것은 아니다; 아빠(또는 엄마)가 반드시 옳은 것은 아니다. 이것이 내가 좋다고 믿는 것이고, 그것이 아빠가 좋다고 믿는 것이다; 나는 아빠를 존중해야 하고 너도 아빠를 존중해야 한다.

나는 너를 존중해야 하고 너도 나를 존중해야 한다. 나중에 너는 너에게 좋다고 생각하는 것을 선택할 것이다. 지금은 우리 서로 존중하고 사랑하면서 같이 최선으로 살도록 해보자.” 설명, 말은 조명을 다시 설치하게 한다. 다시 말하자면 말은 불분명함, 의문, 불안 상태에서 벗어나게 한다.

이런 측면 외에 일상적인 차원에서, 이 교육적 조화에는 다른 사람의 말에 대한 지지를 내포한다. 만약 유아가 “아빠(또는 엄마)가 나한테 이걸 못하게 했어요”라고 말하면서 불평하러 온다면, 당신은 그 금지를 해제하지 않는 것이 바람직하다. 또한 이때 “만약 아빠가 너한테 그것을 못하게 했다면 그럴 만한 이유가 있었을 거야”라고 말할 수 있다. 만약 이러한 이유들이 설명되지 않았다면, 아이에게 그것을 말해보자……. 그러나 금지되었음을 확인하라. 그렇지 않으면 후일 당신의 아이는 항상 부모의 모순된 점을 이용하게 된다. 항상 자신이 즐겁고 만족하는 방향으로 행동할 아빠 또는 엄마에게로 향할 것이다……. 그리고 또한 실망, 거절로 이루어진 현실에 결코 맞서지 않을 것이다. 이런 아이들은 학교에서 자신에게 무엇인가 요구하는 것을 받아들이지 않는 아이가 될 것이다. 이 아이는 노력하는 것과 구속되는 걸 거절할 것이다……. 왜냐하면 집에서 언제나 그것들을 피하는 데 익숙해졌기 때문이다.

그날그날 안정시키기

만약 유아의 감정적인 안정이 어느 정도의 일관성, 어느 정도의 교육적인 조화를 거친다면, 생활의 습관 또한 분명히 거친다. 이러한 생활 습관들은 특히 아이에게 주어지는 리듬들이다. 마찬가지로 아이의 안정은 어느 정도 규칙적인 리듬을 따르는 일을 거쳐 이루어진다. 특히 영아기에 그렇다. 왜냐하면 이러한 리듬들이 아이를 안정시킬 것이기 때문이다. 이 리듬들을 통해 아이는 자신을 아주 마음 놓이게 해주는 일종의 내적 시계를 갖게 된다. 이러한 리듬들은 근본적으로 아이에게 제공되는 보살핌, 즉 식사, 신체적 보살핌, 수면 시간과 관계가 있다. 주의하라! 리듬의 개념은 엄격함을 내포하지는 않는다. 중요한 것은 전반적인 지속성·영속성의 느낌이다. 만약 미리 말해 준다면 때때로 변경되는 것은 중요하지 않다. 아이를 혼란하게 하는 것은 이러한 리듬의 부재 또는 일관성이 없는 것이다. 왜냐하면 이러한 리듬의 부재나 일관성의 결여는 아이를 불확실함, 혼란, 결국 불안 속으로 빠뜨리기 때문이다. 이러한 부정확함에 적응하기 위해 발휘되는 육체적 에너지만큼은 아이를 둘러싼 세계의 발견을 위해 쓸 수 없을 것이다.

자립적인 유아로 만들기

유아를 자립적으로 만드는 것, 그것은 유아가 조금씩 스스로 준비하게 될 전투 무기를 아이에게 주는 것이다. 과잉 보호 또는 그 반대는 그것이 불가능하다. 유아의 자립은 각기 다른 중요한 발달 과정, 즉 이유, 걸음마, 대소변 가리기, 언어 습득 등의 과정을 거치면서 이루어진다. 유아의 발달은 모든 종류의 지속적인 재조정에 의해 이루어지고, 이는 아이가 점점 더 자립적이 되도록 해준다. 이 자립은 일상 생활을 해나가는 데 아이에게 꼭 필요하다. 무엇보다도 이 자립의 표시가 가장 많이 느껴지는 때는 초등학교 1학년에 들어가는 6세 때이다. 로렌은 우리가 그것을 이해할 수 있도록 해줄 것이다.

로렌, 스스로 책임을 지는 데 어려움이 있는 유아

로렌은 우리가 처음 보았을 때 7세였다. 로렌은 초등학교 1학년을 다시 다닌다. 로렌은 갈색 머리의 작은 여자아이이다. 그 아이는 파란테의 예쁜 안경을 쓰고 있다.

교실에서 나타나는 로렌의 특징은 무엇인가? "로넨은 딴 데 정신을 팔고 있어요"라고 담임 교사가 말한다. "모든 것이 로렌한테서 빠져나가는 것 같다." 사실 교사는 로렌이 잘 들리는지 의심한다. 1학년을 되풀이하는 데도 불구하고 로렌은 읽기 연습을 하지 않는다.

로렌은 대하기 편안한 작은 여자아이이다. 그 아이는 맞서지 않으며 행동에 문제가 없다. "내가 언제나 로렌 곁에 있어야 했다"라고 교사는 말한다. 로렌에 대한 견해는 놀라운 일이 아니다. 그 견해는 어려움을 갖고 있는 유아들에게서 소위 체계적인 방식으로 다시 나타나기 때문에 우리의 일상적인 몫이기도 하다……

로렌과 상담할 때, 로렌에게는 가족 생활과 관련된 문제는 없는 것으로 보였다. 로렌은 형제자매의 이름들을 알고 있지만 누가 무엇을 하는지 모른다(로렌은 7세이다, 이것을 잊지 말자). 마치 가족적인 사건들이 로렌에게서 빠져나가 버리듯 모든 것이 이루어진다. 마치 교사가 말하는 것이 로렌에게서 빠져나가 버리듯이.

로렌의 문제는 지식을 자기화하지 못하는 데 있다. 즉 로렌은 지식을 자기 것으로 만들지 못한다.

로렌의 일상 체험이란 사람들이 모든 것을 해주는 작은 여자아이의 일상 체험이다. 7세인 로렌의 옷을 아직도 입혀 주고 방을 정리해 주고 학교에 데려다 준다(그렇지만 학교는 매우 가깝다). 실제로 7세인 로렌은 3세 또는 4세의 유아가 할 수 있는 정도만큼 자립적이다. 다른 때에는 로렌에게 스스로 자기 일을 할 기회를 결코 주지 않았다.

로렌의 엄마는 나쁜 어머니가 아니지만 자녀의 미래에 대해 매우 불안한 엄마이다. 모든 일을 맡아서 하기를 원하는 엄마이다. 여기에서는 모든 것이 너무 지나치다. 이렇게 하면서 자신의 자녀들을 완전히 무장해제시킨다. 불행하게도 아빠는 로렌에게 큰 도움을 줄 수가 없다. 아빠 역시 어디나 따라다니는 배우자가 모든 일을 해주고 있다.

로렌은 교실에서 공책을 펴고 교사와 마주하고 당황한다. 로렌은 사람들이 자신에게 요구하는 것을 의아하게 생각한다. 독립적이고 자립적인 과정을 전혀 갖지 못했기 때문에 로렌은 어떻게 해야 할지를 전혀 모른다. 로렌은 나날의 생활에서 진정한 자기화의 과정에 결코 참가하지 않았기 때문에 지식을 제것으로 삼지 못한다.

유아가 자립에 이르는 것은 아이가 차분하게 생활하고 학업을 해 나가는 데 안정시키는 것 다음으로 중요한 두번째 요소이다. 안정시키는 것이 과잉 보호하는 것은 아니다. 자립적으로 만드는 것은 유아에게 최대한의 자유를 주는 것 그 이상은 아니다. 아이는 몇몇 어려운 단계들을 넘기 위해서 우리를 필요로 하지만, 아이를 대신해서 그것을 하는 것은 필요하지 않다. 아이가 길을 건너도록 손을 잡는 것은 아이를 체계적으로 이끄는 것이 아니다. 아이에게 위험을 설명하고, 처음에는 아이를 동반하고, 그 다음에는 조금씩 아이가 하도록 맡기는 것, 이것이 아이가 스스로 책임을 지도록 돕는 것이다.

첫번째 걷기 연습에서 아이가 넘어지는 것은 심각하지 않다. 그것이 아이를 공원에만 있게 하거나 아이 곁에 늘 붙어 있는 것을 조금도 정당화하지 않는다. 정말이지 잘 만들어진 자연은 아이에게 특히 덜 심각한 활동 중심지를 제공해 주었다. 따라서 넘어져도 위험하지 않다. 유아는 시도—실수를 통해 나아간다. 아이는 자기 혼자서 자신의 걸음과 균형을 확인하고…… 그리고 자립적으로 될 것이다.

유아를 개별화하기

유아를 개별화하는 것은 유아를 유일한 존재, 독립적인 존재로 만드는 것이고 다른 아이들에 대하여 자신의 존재를 뚜렷이 나타낼 수 있도록 하는 것이다. 유아는 혼자이고 유일하며, 점차적으로 이러한 상태를 인식하게 될 것이다.

유아가 개별화되기 위해서 유아는 자신의 자리가 있어야 하고, 유아에게 유아의 자리를 주어야 한다. 그것은 언어를 통해 이루어지지만(99쪽 참고) 또한 모든 종류의 일상적인 상황을 통해 이루어진다. 그 상황들은 유아의 옷들, 유아의 물건들, 장난감들이다. 그리고 유아 혼자서 할 수 있는 활동들, 놀이들이다. 이렇게 조금씩 유아는 자신이 다른 사람들 가운데 유일하게 단 하나 존재한다는 사실을 내면화한다. 자립의 능력과 한 조가 되는 이 개별화는 유아가 구별되게 하고 긴 시간을 두고 시작하게 한다. 긴 시간을 두는 것은 유아의 개성을 형성하기 위해 필요할 것이다. 긴 시간을 두는 것은 유아가 의견을 내고 위치를 정하고 태도를 결정하게 할 것이다. 이 거리두기는 유아가 학교에서 습득에 필요한 소질 중에 하나를 갖게 할 것이다. 즉 필요한 시간적 · 공간적 거리를 두고 분석하고 정보를 파악하는 능력, 지적 과정의 첫번째 요소로 알려진 정보를 파악하는 능력을 갖게 할 것이다.

V

어떻게 교육해야 하는가?

교육은 넓은 의미에서, 성인이 되게 해주는 모든 요소들을 유아에게 제시하는 것이다. 따라서 하나의 교육만 있는 것이 아니라 여러 교육이 있다. 우리가 앞에서 보았듯이 유아에게 안정·자립·개별화를 가져다주는 데 목표를 두는 감성 교육이 있다. 이 세 가지 요소는 유아가 조화로운 발달과 미래의 성공에 필요한 정서적인 유연함을 갖도록 해줄 것이다. 우리는 이제 막 그것의 큰 노선을 제시했다.

또한 문화 교육이 있다. 문화 교육이란 어린 남자아이나 어린 여자아이가 언어·경험·발견을 통해, 자신이 몸담고 발전하는 세계의 문화를 배우게 해주는 방법들을 제공할 요소들을 사용할 수 있게 해주는 것이다. 동기 부여하기에 대한 앞장들과 언어에 대한 뒷장들은 이러한 교육의 성질을 띠고 있다.

지금 우리가 살펴보려고 하는 교육의 세번째 면은 사회 규범, 사회 생활을 익히는 것과 관계된다. 교육의 이 세번째 면은 가장 하찮은 것이 아니다. 이 교육의 성공은 유아가 자신을 둘러싼 환경의 규칙을 이해하고 받아들이게 하기 때문에 유아를 안정시키는 데 기여한다. 또한 유아가 이 사회의 중심에서 자신의 자리를 찾도록 해주고, 그렇게 해서 그 안에서 기쁨까지도 찾도록 해준다. 따라서 유아의 행복한 미래가 이루어진다. 그러나 우리는 교육이 습득에 연관된 구속을 감수하겠다는 각오를 하게 하는지——그리고 가장 중요한 것이 이 측면일 수 있다——살펴볼 것이다. 이러한 사실에서 사회 교육은 배울 준비를 가능케 한다. 따라서 사회 교육은 유아 미래의 성공에 **필요 불가결한** 조건이기도 하다.

만약 학교에서 가장 잘해 내는 아이들이 상류층과 교사들의 아이들이라면, 그것이 그들의 교육적·문화적 지표들이 학교 조직의 지표와 완전히 합치하기 때문이라고 착각하지 말자.

교육은 인간의 고유한 특성이다. 그것은 바로 우리가 언어에 재능이 있기 때문이고, 그리고 교육이 필요하다고 증명된 사회에서 살고 있기 때문이다.

그것이 바로 지금 우리가 전형적으로 인간적인 구성 요소인 이 사회 교육을 피할 수 없는 이유이다.

가족, 첫번째 사회 조직

오늘날 학교가 첫번째 사회 조직이라고 생각하는 경향이 있다. 그것은 잘못된 생각이다.

실제로 첫번째 사회 조직은 가족이다. 태어나는 아이는 사회적 존재이다. 아이의 탄생은 아이가 의무적으로 다른 사람들과 더불어 타협하게 한다. **태내**에 있을 때 아이의 것이었던 과잉 보호의 관계는 완전히 재검토된다. 다른 사람들과 타협을 해야 한다는 사실은 아이를 현실에 부딪치게 한다. **태내**에서 아이는 어떤 구속도 없었고, 쾌감 원칙

안에 있었다. 태어나면서 아이는 현실에 부딪쳐야 한다. 이 이행은 교육의 덕택으로 이루어질 수 있을 것이다.

만약 정신분석학적인 용어로 교육이 쾌감 원칙에서 현실 원칙으로의 이행이라면, 사회학적인 용어로 교육은 개인에서 사회로의 이행이다. 그러나 이 두 가지 접근은 같은 사실을 정의한다. 교육시킨다는 것은 다른 사람들 그리고 자기 자신과 잘 지내게 해주는 규범을 유아에게 알려 주는 것이다. 이 첫번째 다른 사람들은 무엇보다도 아이의 가족이다. 그리고 다음은 학교, 동시에 사회가 될 것이다. 그리고 후일 직장이 될 것이다.

교육으로 습득이 가능할 때

교육시키는 것이 단지 다른 사람들, 그리고 자기 자신과 조화롭게 살게 하기 위해서라고 잘못 생각하지 말자. 교육은 우리가 강조했듯이 습득을 시작하게 한다.

그래서 우리는 학교에서 올바른 습득이 이루어지려면 정서적인 유연함과 동기가 요구된다고 알고 있다. 전자는 문제의 습득에 정서적인 에너지를 집중시키고, 후자는 이 과정에서 스스로 정신을 집중하려는 욕구를 유발한다.

교육은 틀을 제시하고 규칙을 정하기 때문에, 학교에서 잘해 내기 위해 교육은 필요한 선행 조건임이 드러난다. 왜 그런가? 왜냐하면 우리는 교육 방식, 습득 방식에서 비슷한 과정을 발견하기 때문이다.

알고 싶은 욕구가 매우 고무적이고 강렬한 욕구라면, 배우고자 하

금지하는 것을 금지한다!

금지하는 것을 금지한다! 소르본의 벽에 씌어진 이 문장은 1968년 5월 학생 봉기의 상징으로 남아 있다. 이 문장은 유아 세대와 청소년 세대들이 알고 있는 엄격한 교육을 시사하는 궁극적인 표현이었다.

오늘날 교육에 대해서 1968년 5월 이전처럼 말하지 않는다. 이 사건――상징적이라는 것을 기억하자――이전에 교육은 많은 금지 사항으로 이루어졌었다. 유아는 말할 권리가 거의 없었다. 유아의 신분은 오늘날의 것이 아니었다. 유아에게는 권리보다는 의무가 훨씬 더 많았다. 유아는 주체이기보다는 대상이었다.

1968년 5월에 이런 모든 것이 뒤바뀌었다. 많은 경우에 과도하게 전도되었다. '금지하는 것이 금지되었기' 때문에 엄격함에서 관용주의로 변한다. 사람들은 그때 "유아를 혼란에 빠뜨리지 말았어야 했다"고 생각했다. 어떤 사람들은 모든 것이 허락되어야 한다고 이해했……. 조만간에 개인은 규칙들, 금지 사항들과 부딪치게 되기 때문에, 사람들은 쉽게 그와 같은 관용주의의 영향을 상상한다……. 다시 말하자면 만약 아이가 규칙이나 금지를 전혀 모른다면, 아이는 이런 것을 극복하고 감당할 수 없게 된다. 어느 날 아이는 자신 앞에 필연적으로 나타나는 현실에 부딪쳐서 무기력해지고, 완전히 어찌할 바를 모르게 된다. 그때 아이는 다른 사람들을 괴롭히거나 또는 자기 자신을 괴롭히면서, 그리고 의기소침해지면서 난폭하게 행동할 수 있다.

는 욕구는 그보다는 훨씬 덜하다. 실제로 배우고자 하는 진짜 욕구는 없고, 알고자 하는 진짜 욕구만이 있을 뿐이다. 그러나 유일한 이 진짜 욕구는 배우고자 하는 욕구를 정당화한다. 쾌감을 가져다주는 것이 배운다는 사실이 아니라 알게 된다는 사실이다. 우리는 여기서 우리가 이미 이야기한 후일로 미루어진 쾌감 원칙을 다시 발견한다. 우 **리가 습득에 동의하는 것은 바로 우리가 알고 싶기 때문이다.**

같은 형태의 과정이 교육에서 다시 발견된다. 즉 우리가 교육의 강요를 받아들이는 것은 바로 후일 다른 사람들과 조화롭게 사는 기쁨을 갖기 때문이다.

만약 유아가 무덤덤하게 금지로 이루어진 자유롭지 않은 엄격한 교육만을 따른다면 유아는 즉각적인 쾌감의 어떤 개념도 갖지 않으며, 지연된 쾌감의 개념도 또한 덜 갖는다. 유아는 억제(아무것도 하지 않음으로써 어떤 위험도 무릅쓰지 않는다) 속에서 또는 극도의 부산함(살아가는 유일한 방법은 저항하는 것이다) 속에서만 구원을 찾게 될 것이다. 그리고 유아는 학교에서 이러한 행동 방식 또는 무기력을 그대로 다시 재현해 낼 것이다. 또한 금지로 이루어진 교육은 유아가 취학으로 가는 모든 통로를 차단시킬 것이다.

만약 유아가 일련의 행동 규칙을 받아들인다면, 그것은 유아가 그렇게 함으로써 자신 또한 가족, 그리고 사회 안에서 받아들여지고 호의가 베풀어지는 것을 알기 때문이다. 그러나 주의하라! 유아는 단지 그 조건에서만 그런 규칙들을 받아들일 것이다. 유아는 규제가 후일 자신에게 만족을 가져다준다는 조건에서만 그 규제를 받아들일 것이다. 그렇지 않다면 유아는 방금 우리가 말한 아이처럼 순종하거나 또는 반항할 것이다.

교육은 우리가 원하든 원치 않든 규제의 양상을 띤다. 교육은 우리가 즉각적이고 이기적인 욕구, 충동에 자신을 내맡기지 못하게 한다. 학교에서 하는 학습은 유아의 첫번째 욕구가 노는 것이라는 데 따른 규제이다. 교육과 학교 교육이 다시 합쳐지는 것은 그 점에서이다. 그

읽기는 즐거운가?

지연된 쾌감의 원칙을 새롭게 조명하기 위해서 읽기 교육을 이용할 수 있다. 유아가 읽기를 배우는 것은 6세, 초등학교 1학년이다. 이 교육은 그 자체로는 전혀 특별하게 흥미롭지 않다. 반대로 특히 흥미로운 것은 읽을 줄 안다는 것이다.

6세 이전에 자신의 부모가 책을 읽는 것을 보지 않았거나 거의 보지 못한 유아는 읽기가 갖고 있는 쾌감, 흥미 또는 중요성을 어떤 방식으로든지 내면화하지 않을 것이다. 이 유아에게 읽기는 아무 흥미도 없다.

이러한 흥미, 이러한 즐거움의 모든 것을 모르는 이 유아는 읽기 교육을 의미 없는, 지루하고 싫증나는, 강요하는 교육으로만 볼 것이다. 알고자 하는 어떤 욕구도 없는 이 유아에게는 더 나아가 배우고자 하는 욕구는 훨씬 덜 있을 것이다. 읽기를 배운다? 어째서? 어떤 목적으로? 이 유아는 자신의 부모가 읽는 것을 전혀 본 적이 없기 때문에 읽기는 아무 소용이 없다. 이 유아는 자신의 눈으로 어떤 예도 본 적이 없기 때문에 읽기는 어떤 즐거움도 주지 못한다. 그래서 읽기를 배우는 것은 따분하고 싫증나는 일이다.

반대로 눈앞에 이러한 본보기들을 가질 기회가 있는 유아는 어려움 없이 교육을 시작할 것이다. 그런 유아는 의식적으로 그리고 무의식적으로 읽는 행위에 연관된 쾌감의 개념을 받아들일 것이고, 따라서 이 유아는 가장 잘 그리고 가장 빨리 읽기에 다다르는 모든 방법들에 전념할 것이다.

러나 만약 유아가 교육과 학교 교육이 **후일** 확실한 지연된 만족을 가져다준다는 사실을 동화했다면, 잘 체험된 교육과 학교 교육은 완벽하게 받아들여질 수 있다. 이 점진적인 동화를 가능케 해주는 두 가지 방법이 있다. 그것은 **말**과 **모범**이다.

말은 은이고…… 모범은 금이다

교육 관계에서 먼저 시작해야 하는 사람은 물론 성인이다. 어쨌든 말을 해야 하고 설명을 해야 하는 사람은 성인이다. 이때 말은 교육의 동반자여야 한다. 말은 유아를 개별화하는 동시에 왜 사람들이 유아에게서 이러이러한 것을 기대하는지 먼저 유아가 느끼고 마침내 그것을 이해하게 해줄 것이다.

말의 첫번째 기능은 교화하는 것이다. 다른 한 인간에게 말을 건네면서 그 사람으로 하여금 먼저 인성, 그 다음 개체성, 그리고 마침내 독창성을 의식하게 한다.

이 장에서 상기하고자 하는 것은 이러한 말이 아니고 단지 교육적인 말이다. 바로 이 교육적인 말이 유아가 세상에 동화될 때 함께할 것이다.

이 교육적인 말은 먼저 유아에게 혼자가 아니라고 말할 것이고, 유아는 권리가 있지만 다른 사람들의 권리도 존중해야 한다고 말해 줄 것이다. 이렇게 하면서 유아는 자신의 집안 사람들에게 받아들여지고, 중히 여겨지고 그리고 사랑받게 될 것이다. 유아는 우리들의 세계에서 자신의 자리를 갖게 될 것이다.

정신분석학적인 용어로 교육은 초자아를 조금씩 형성하게 하는 것이다. 초자아는 인격의 '심급(審級)'인데, **"그 역할은 자아에 대한 판사나 검열관의 역할과 비교될 것이다. (…) 초자아의 역할은 부모의 강**

교화하는 말

교화적인 말의 가장 괄목할 만한——가장 심한——사례들 중에 하나가 한 성프란체스코회의 살림베네 수사에 의해 제공된다. 이 수사는 1221년 10월 9일 파름에서 태어나 일생의 많은 부분을 유럽 전역을 여행하는 데 보냈다. 그는 자신이 겪었던 일 중에서 황제 프레데릭 2세(1197-1250)가 주도했던 한 시험에 대해 이야기한다.

프레데릭 2세는 인간 최초의 언어를 찾기 원했다. 그러기 위해서 황제는 아이들에게 말하지 마라는 명령과 함께 일정한 수의 아이들을 유모에게 맡겼다. 유모들은 아이들을 모두 보살펴 주기는 하지만 아이들 앞에서 말하는 것은 금지되었다.

프레데릭 2세는 유아들의 본능적인 언어가 어떤 것인지 결코 알아내지 못했다. 살림베네 형제는 이 시험은 '아이들이 전부 죽었기 때문에 소용없는 것'*이었다고 우리에게 알려 준다…….

우리는 오늘날 안나 프로이트 · 스피츠 · 바울비, 그리고 다른 사람들의 연구 이후로 언어 · 말은 인격 형성에 중요한 요소임을 안다.

* *La bizarra cronica di frate Salimbene*, intr. de Fernando Bennini, Lanciano, G. Carabbo, 1926.

요나 금지를 내면화하면서 구성된다."* 그리고 사회의 강요나 금지들이 보편적인 방식으로 추가될 수 있다.

교육한다는 것은 구속한다는 것이다. 실내 유희의 규칙을 정하는 것은 금지 사항을 정하는 것이다. 유아는 하고 싶은 것을 모두 할 수 없다. 유아는 세상에서 혼자가 아니다. 사회 속에서 산다는 사실에는 규

* Laplanche et Pontalis, 《정신분석학 용어 *Vocabulaire de la psychanalyse*》, PUF.

칙들이 포함되어 있는데, 사회 속에서 아주 조화롭게 살고 싶다면 그 규칙들을 존중하는 것이 중요하다. 첫번째 사회가 당신의 가족이라는 것을 잊지 말자. 만약 당신이 그 가족 안에서, 각자 모두가 그들의 자리를 갖기 원한다면 역시 존중해야 할 규칙들이 당연히 있어야 한다. 단 한 사람(유아 또는 성인)의 필요성과 욕구에 동의하지 마라. 그것은 적당한 자리에 가족의 전제군주를 자리잡게 하는 것이다. 가족의 전제군주는 다른 사람들에게 자신의 욕구를 강요하는 어른이거나 또는 아무것도 거절되지 않는 유아이다. 따라서 둘 다 모두 오로지 쾌감 원칙만을 따른다. 가족의 다른 모든 일원을 희생으로 해서……

레미, 또는 독재자 아버지

레미의 이야기는 우리에게 '가족의 전제군주' 인 아버지의 영향에 대해 밝혀 줄 것이다.

9세인 레미는 학교에서 심각한 어려움을 갖고 있다. 레미의 지능지수가 53일뿐만 아니라 가장 눈에 띄는 것은 어휘 부족이다. 태어날 때부터 소도시에서 살고 있는 레미는 정면·발판·가로등·티티새·빗물받이홈통·자전거 선수와 같은 단어들을 모른다. 이러한 것들은 레미가 하루에 수천 번 보고 지나치는 것들이고, 9세가 된 지금 레미는 여전히 이러한 것들의 이름을 말할 줄 모른다.

레미는 4,5세 유아의 발달 수준에 맞는 어휘 테스트를 받았다.

놀라운 것은 우리가 레미를 봤을 때, 레미의 고집 세고 뿌루퉁한 점이다. 레미는 결코 우리를 마주 보지는 않지만 항상 안경 너머로 힐끗 쳐다본다. 경계하는 눈길로 슬쩍 엿본다. 극도로 부족한 이 어휘력 외에도, 레미는 자신의 생일이 언제인지 모르고(어떤 유아들은 4세부터 자신의 생일을 안다……) 가족 생활에 거의 포함되지 않는다. 레미의 경험은 풍부하지 못하고 생활은 변화가 없다. 레미가 좋아하는 놀이는? 유행하는 전자게임이다. 다른 것들은…? "아버지가 남동생의 장난감을 폭파시켰어요[레미가 사용한 어휘]. 여동생의 인형도 부셨어요."

아버지에 대해 말해보자. 오래전부터 그는 집에 있다. 오랫동안 병가를 내고 있다. 무슨 병을 앓고 있나? 레미는 무슨 병인지 모른다. 레미는 아빠가 무엇 때문에 아픈지 모른다.

아버지는 작년에 우리가 만난 레미의 여동생이 말해서 이미 알고 있다. 아버지는 독재자로, 집에서 중요한 것은 아버지다. 다른 사람들은 발언의 권리가 없다. 그리고 아이들로서 이러한 주장을 하는 것은 자기 자신의 생각에서이다. 어린아이들은 식탁에서 말할 권리가 없다. 지금도 여전히…… "식탁에서 너무 크게 말하면 안 돼요……——왜 그러니?——아빠가 텔레비전을 보기 때문이에요."

소파 위에 엎드려 단지 자신의 쾌감 원칙을 따르는 이 전제군주 아버지는 아이들에게 말하고자 하는 모든 시도와 그것과 결합된 알고자 하는 욕구를 금지시켰다. 어떤 순간에도 아이들의 손을 잡고 나무에서 노래하는 티티새를 보여주지 않았다. 아버지는 정면에 닦음질을 하기 위해 설치한 발판 앞에 호기심으로 멈춘 적이 결코 없었다. 또한 약속한 시간에 결코 돌아오지 않는다. 너무나 바쁜 어머니만 온다. 어머니는 일을 아주 많이 해서 아이들에게 할애할 시간이 거의 없다.

이 전제군주 아버지와 마주한 레미의 유일한 방어 수단은 무능의 상태·피신·불신이었다. 의혹까지도 방어 수단이었다. 레미의 호기심은 식탁에서, 그리고 다른 곳에서 말하는 것이 금지된 것과 동시에 사라졌다. 레미는 아버지를 방해하지 않는 한도 내에서 놀 수 있었는데, 아버지는 비록 자신이 아픈 척하고 있는데도 불구하고 정기적으로 친구들을 보러 가고 자신이 원하는 시간에 돌아온다.

이 전제군주 아버지는 자녀들이 학교에서 잘해 내지 못하게 할 뿐만 아니라 정서적으로 고통받게 했다. 아버지는 아이들에게 자신의 명령을 따를 것을 강요해서 아이들이 정상적인 정서적 인간 관계의 삶에 다가가는 데 필요한 안정도 힘도 주지 못했을 뿐만 아니라 **규칙**에 동의하지도 못하게 했다.

물론 레미의 아버지는 괴상한 사람이다. 불행하게도 이런 사람은 존재한다. 레미의 아버지를 통해서 우리가 보여주고자 하는 것은 교육이란 자녀에게 자신의 권위를 전해 주는 것이 아니라 **법**을 알려 주는 것이다. 여기에서 레미의 아버지는 가족의 다른 모든 일원들을 전적으로 희생시켜 단지 자신의 개인적인 권리를 보호하는 권위을 알려 주었다.

또한 이 독재자 아버지는 우리로 하여금 이러한 형태의 금지가 인간 관계의 차원, 정서적 차원, 그리고 지적인 차원에서 유아가 발전하는 것을 어떻게 저해하는지를 이해하게 해준다. 이런 아버지는 결국 유아의 모든 호기심을 사라지게 한다. 왜 그런가? 왜냐하면 여기에서 금지는 유아에게 있어서 실망일 뿐이기 때문이다. 여기에서 금지는 모든 사람의 만족을 위해서가 아니라 한 개인의 만족을 위해 주어졌다. 여기에서는 그것이 바로 권위와 **법**의 차이점이다. 첫번째 경우에 단 한 사람이 그 혜택을 받고, 두번째 경우에는 모든 사람들이——이해 당사자를 포함해서——혜택을 받는다.

따라서 교육은 **법**에 동의하게 한다. 먼저 가정의, 그리고 사회의 법에 동의하게 한다. 이 잘 동화된 **법**은 개인으로 하여금 자신이 속한 사회 안에서 발전하게 한다.

올바르게 교육하기

'올바른' 교육은 개인을 존중하면서 사회의 규칙을 받아들이도록 하는 것이다. 그것이 사회에 희생해야 한다는 것은 아니며, 그 반대도 또한 아니다.

우리는 교육하는 것은 구속하는 것이라는 점을 주목했다. 그러나——그리고 명확히 하는 것이 중요하다——이 구속은 받아들여질 수 있고 내면화될 수 있다. 만약 건전한 정서적인 환경이 갖춰진다면 이 구속은 건설적인 것이 된다. 간단하게 부모의 대화를 끊임없이 방해하는 유아의 예를 들어 보자. 어떻게 해야 하는가? 만약 아이에게, "조용히 하거라! 너는 우리를 방해하고 있잖니!"라고 말하는 것으로 만족한다면, 나중에는 추방이나 거부가 따르는 금지만이 있을 뿐이다. 추방, 거부의 감정으로는 아이에게서 아무것도 해결하지 못한다. 도리어 아이는 제외된다는 것을 느끼고는 더 기운차게 자신이 정말로 존재하고 있으며, 여전히 부모의 주의를 끌 만하다는 것을 확인시켜 주기 위해 다시 방해하기 시작할 따름이다. 반대로 "우리를 이야기할 수 있게 해주렴. 너는 전에 우리하고 이야기할 수 있었고 조금 있다가 우리하고 이야기할 수 있겠지만, 지금은 아빠(또는 엄마)하고 나는 서로 말할 것이 있단다. 너도 네가 놀고 있을 때 방해받는 것을 싫어하지. 그러니까 우리도 마찬가지란다. 우리가 이야기가 끝났을 때 네가 우리에게 말할 수 있을 거야"라고 아이에게 말할 수 있다.

이 경우에 금지는 거부하는 것이 아니다. 금지는 설명되어지고, 상호 존중의 개념이 유도되어지지만 쉽게 이해할 수 있다. 만약 부모의 대화가 끝났을 때 아이를 무릎에 앉히고 아이에게 "자, 나〔우리〕한테 말할 것이 있니?"라고 묻는다면, 바로 거기에 정서적인 보상이 있다. 이 나중에 받는 보상은 처음에 오는 구속을 받아들이는 것을 가능케 한다. 만약 보상이 이루어지지 않으면, 그리고 게다가 금지가 거부의 형식하에 통고되어졌다면, 보상은 받아들여지지 않았을 것이고 내면화되지 않았을 것이며 건설적이지도 않았을 것이다. 아이는 두 가지 중의 하나, 즉 내성적이 되거나(자학의 형태) 또는 불안해지고 주변 사람들을 괴롭힐 것이다.

우리의 논리를 계속해 보자. 같은 예에서 만약 부모가 아이에게 양보해서 자신들의 대화를 방해하도록 내버려둔다면, 이 아이는 자기의 절대적 권력을 믿게 될 것이다. 아이는 현실 원칙을 받아들이지 않고, 그리고 현실 원칙의 조건인 구속을 받아들이지 않고 즉각적인 쾌감 원칙 안에 머무를 것이다.

물론 우리가 든 예는 유아나 또는 부모가 반복적이고 지나친 태도를 보이는 경우에만 유효하다. 만약 사건이 일시적이라면, 이 모든 경계의 변론은 그다지 필요하지 않다. 설명이 되는 정상적인 지나침에 관한 것도 결코 아니다. 자연스러움 또는 우발적 사고조차도 또한 교육적인 요소들이다. 이 몇 쪽에 걸쳐 우리들이 이야기하는 것을 통해서, 모든 사람들의——필요한——운명인 일시적인 어려움이나 사건들과, 지나치고 반복적인 일상 생활에 지장을 가져오는 태도들을 구별하는 것이 항상 중요하다.

권위와 법

개인적인 권위는 단체의 **법**이 아니다. 단체의 **법**은 주어진 때의 사회문화와 관계가 있다. 현재 우리를 규제하는 **법**들은 더 이상 우리의 부모나 조부모들을 규제했던 **법**들이 아니다. 해마다 우리의 사회 생활을 조절하는 새로운 **법**들이 생겨난다. 이 새로운 법들은 행위 상황을 정상화시킬 수 있거나 또는 그 상황에서 다른 상황들을 새로 만들어 낸다. 우리는 우리가 민주 국가에서 살고 있기 때문에 이 **법**이 전반적으로 좋다고 생각할 수 있다. 이 **법**은 시민들을 존중하며, 시민들이 서로 존중하고 또 국가를 존중할 것을 요구한다. 독재자에게 복종하는 국가에서는 전혀 다르다는 건 분명하다. 그런 상황에서는, 이 **법**이 다른 사람들을 희생해서 단지 단 한 사람의 즐거움을 위해 만들어진다는 것을 우리는 안다. 여기서 상호 존중의 의미는 전혀 존재하지 않는다.

따라서 이 마이크로 사회인 가정은 **법**들에 의해 규제되어야 한다. 이 가정이 두 명(어머니와 그 자녀)으로 한정되든지 또는 열 명으로 한정되는지는 문제에 큰 변화를 주지 않는다. 한 개인이 다른 한 개인과 함께 있는 순간부터, 만약 그 안에서 각자가 공정하게 자신의 자리를 요구할 권리가 있는 제도를 만들기를 원한다면, 행동의 규칙(결국 **법**들)을 정돈할 필요가 있다. 다른 모든 제도에는 한 사람이 다른 한 사람 또는 다른 사람들에 대해, 그리고 물론 그들을 희생해서 권력을 행사하는 구조가 자리잡는다.

올바른 **법**은——그리고 따라서 올바른 교육은——상호 존중의 규칙을 만드는 것이고, 생겨나게 하는 것이다.

사랑이 없으면 교육도 없다

유아 교육은 진정한 감정 관계가 동반되어야 한다. 그리고 이 감정의 관계는 신뢰 위에 확립되어야 한다. 이 신뢰는 유아가 부모에게 갖는 신뢰다. 그래서 만약 아빠(또는 엄마) 또는 내가 신뢰하는 어떤 사람이 왜 물감통을 양탄자 위에 엎지르지 말아야 하는지 내게 말해 준다면, 그렇게 하는 것이 재미있는데도 그렇게 하지 말아야 함을 나는 아주 잘 이해할 것이다. 다시 말하면 그 사람은 미리 그의 말이 (대체로) 옳다는 것을 내게 말로 입증해 줄 것이다. 만약 이 아주 재미있는 경험(내게는 그렇지만, 그들에게는 그렇지 않은) 이전에 나의 감정적인 관계가 좋고 건전하다면, 그리고 만약 그 이후에 이 감정 관계가 다시 검토되지 않을 것이라고 직감한다면 나는 그것을 그만큼 더 잘 이해할 것이다. 바로 그 순간 물리적 해결은 있겠지만, 그것이 앞으로의 우리 관계에 그만큼 영향을 미치지는 않을 것이다.

만약 전에 내가 불행하고 긴장된 경험들을 그들과 함께 가졌었다면 이 사건은 훨씬 더 극적으로 됐을 것이다. 만약 예를 들어 그들이 내게 여러 번 거짓말을 했다면, 또는 만약 그들이 내게 예나 아니오에 대해 나에게 탓을 돌렸다면 말이다. 그때 물감통의 일화는 다른 의미를 갖게 되었을 것이다. 게다가 만약 그날 그들이 다른 것이 전혀 없이 나를 꾸중하는 데 '만족한다' 면, 그것은 우리의 대립을 증가시킬 뿐일 것이다.

유아를 교육하는 것은 유아에게 이러한 규칙들을 제시하고 설명하고, 필요한 정서적인 보상을 주는 것이다. **법**은 그 대신 유아가 사랑받고 존중될 때에만 받아들일 수 있다. 만약 **법**이 구속 이외의 그 어느것도 가져다주지 않는다면 그 **법**은 이해되지도 않고, 특히 건설적이지도 않다.

법은 우리가 본 것처럼 이해할 수 있도록 설명되어야 한다. 주된 설명은 나는 너를 존중하고, 따라서 네가 나를 존중하는 것이 중요하다는 상호 존중에 대한 것이다. 너는 생활할 권리가 있고, 마찬가지로 나도 생활할 권리가 있다. 그러니까 함께 아주 조화롭게 살아가 보자 (89쪽 글상자 내용 참조).

이 작은 글상자의 내용이 편안하게 받아들여지기를 바란다. 그렇지만 그 내용이 그렇게 가볍지만은 않다. 어쨌든 그 내용은 중요하며 선행성에 대해 말하고 있다. 따라서 우리가 말하는 신뢰의 개념은 **IV**장에서 말한 유아 안정시키기의 개념과 떼어 놓을 수 없다. 여기서 확실히 유감스러운 그러나 일시적인 사건에 의해 깊이 자리잡은 유아의 안정은 위협받지 않는다. 유아가 이 안정감을 내면화했고, 그리고 이 안정감은 유아가 부모에게 갖는 신뢰의 감정을 동반하기 때문에 유아의 안정은 위협받지 않는다.

우리는 사례의 문제점을 말하지 않고는 신뢰감에 대해 말할 수 없다. 좋은 본보기가 없으면 좋은 교육이 없다는 것은 자명한 이치이다. 그러나 반복하는 것이 좋다는 것도 자명한 이치이다. 한마디로 말해서, 만약 당신이 말하는 것을 당신이 존중할 수 없다면 해야 할 것과 하지 말아야 할 것을 설명하기 위해 시간을 소비하고 헛되이 떠드는 것은 소용없는 일이다. "내가 말하는 것을 하고 내가 하는 것을 하지 않는 선량한 양친"은 확실히 재미있지만, 그것은 어떤 교육적 가치도 없다. 당신의 말과 행동은 조화를 이루어야 한다. 우리는 여기서 프랑수아즈 돌토가 여러 번 상기시키는 진정한 말의 개념과 연결된다.

반대로 당신이 모범을 보이게 되면 될수록 당신의 말은 더 효과를 내게 될 것이다. 당신의 자녀에게는 당신이 모델인 것을 잊지 마라.

만약 아이에게 완벽할 것을 요구하지만 않는다면 자녀는 이 모델이 완벽하지 않다는 것을 완벽하게 이해할 수 있다. 사정이 그렇기 때문에, 당신이 이상적이고 다른 사람들의 일시적인 약점에 대해 관대하다는――확실한, 우리는 그것을 의심하지 않는다!――가정 안에서 그러하다.

우리는 가정이 고유한 **법**들에 의해 규제되는 마이크로 사회라는 것과 더불어 이 가정의 **법**들이 그 가정이 속해 있는 사회문화에 의해 받아들여진 **법**들과 조화될 수 있거나 또는 전혀 조화되지 않거나 덜 조화될 수 있다는 것을 말하고자 한다. 가정의 **법**은 덜 엄격하고 덜 형식적이고 그리고 특히 더 한층 감정적이기 때문에 사회의 **법**에 다가가기 위한 발판이다. 그 점에서 일인 가정 또는 양분된 부모의 가정은 둘도 없이 소중하다. 가정은 개인과 확대된 사회 사이의 유연한 중계자이다.

그러나 이 가정의 **법**들은 가정이 존속하는 사회와 부분적으로 또는 전체적으로 대립될 수 있다. 그 가정에서 유아는 감정적으로 완전히 성숙될 수 있다.

우리는 이러한 가정 안에서 완벽하게 잘 살아가고 완벽하게 성장하는 그런 유아들을 알고 있다. 단 한 가지――그러나 중대했던――문제는 확대된 사회, 특히 학교와 부딪칠 때 드러난다. 우리가 어느 날 알랭을 만났던 것이 이러한 맥락에서이다.

알랭, 또는 교육적 지표와 문화적 지표의 중요성

알랭은 여행중인 유아이다. 우리가 알랭을 처음 만난 날 그는 12세였다. 아주 정확하게 12세 하고 한 달이다. 그리고 알랭은 읽을 줄도 모르고 쓸 줄도 모른다.

육체적으로는 나이만큼 성장했다. 충분히 크고 오히려 뚱뚱한 편이다. 혈색이 좋고 쾌활하고 솔직하고 미소 짓는다. 알랭은 오히려 편안해 하고 있다.

지금까지 알랭의 삶은 여기저기 다른 곳에서 다소 오래 체류하는 생활의 연속이었을 뿐이었다. 알랭은 학교를 다닌 적이 거의 없었다. 그 다음날 알랭이 학교에 다시 돌아가게 된 것은 알랭 엄마의 정착하고 싶은 욕구 때문이다.

처음에 약간 경계하기는 했지만, 알랭과의 면담은 잘 이루어졌다. 이 남자아이는 자신에게 묻는 질문에 아주 쉽게 대답한다. 사실 만약 길에서 이루어진다면 대화는 정상적일 것이다. 특별한 점이 있는데도 불구하고 알랭은 사람들의 주목을 받지 않고 평범한 대화를 할 수 있다. 단지 더 상세한 질문을 했을 때, 이 남자아이의 결함을 알게 된다.

예를 들면 알랭은 자신이 갔던 여러 다른 장소를 잘 회상하지 못한다. 알랭은 생캉탱을 아주 어렴풋이 기억한다. 알랭의 놀이, 알랭이 즐기는 소일거리는 무엇인가? "없어요." 알랭은 간결하게 대답한다. 우리는 대답을 조금 강요해 본다. "잡기 놀이, 자전거 타기, 숨바꼭질……" 알랭은 12세이다. 그것을 잊지 말자. 이 모든 것 중에서 가장 놀라운 건 청년기 바로 전의 이 소년은 일주일의 다른 요일들에 관해서는 시간상의 방향을 항상 구별하지 못한다는 것이다. 알랭은 내일이 무슨 요일인지 어제가 무슨 요일이었는지 알지 못한다. 놀랍지 않은가? 놀랄 만한 정도는 아니지만, 이 결함을 자주 다니는 다양한 장소에 대한 '망각'과 관련시키는 것은 쉽다. 알랭이 그날그날 산다는 것을 이해해야 한다. 알랭과 알랭의 가족에게 중요한 것은 오늘 일어나는 일이다. 바로 지금 일어나고 있는 일이다. 어제는 중요하지 않다. 그리고 내일이 더 많이 중요한 것도 아니다. 그런 식이다. 그것은 좋지도 나쁘지도 않고, 단순히 가정의 운행 방식이다. 여섯 사람이 일원인 이 가정은 고유한 교육적·문화적 지표가 있는 가족이다……. 이 지표들은 학교 체계, 일반적인 사회 체계와 전혀 합치되지 않는다.

우리가 보았듯이 문화적으로 내용이 거의 없다. 놀이는 수유기의 놀이이며, 근본적으로 신체적인 놀이이다. 만약 이 놀이들이 주어진 나이에 정상적인 놀이라면, 그리고 만약 이 놀이들이 후일 잔류하는 방식으로 지속할 수 있다면 단 한 가지 표현 방식으로 이루어지는 것은 '정상적인' 게 아니다. 게다가 이 놀이들은 반복된다.

사회법은 교육적으로, 먼저 가정법이다. 가정이 외부와 차단되어 생활하는 한 확대된 사회의 법은 거의 고려되지 않는다. 그 연관이 특별하다. 게다가 더 좋지도 더 나쁘지도 않지만, 다르다. 그리고 특히 우리 사회문화의 것이 아니다. 알랭의 집에서는 다른 식으로 사고한다고 결론을 내릴 수 있다.

감정적으로 소년은 아주 활발하다. 우리는 아이에게 언어를 사용하지 않는 테스트를 치르게 한다. 이것은 알랭이 말할 수는 없지만 유일하게 조작한다는 것을 의미한다. 예를 들어 나무쌓기 놀이, 퍼즐, 순서대로 그림 나열하기, 이상한 곳 찾아내기…… 결과는 지능지수 50이다(평균 지능지수는 100이다). 오늘 알랭은 읽기를 배우려고 애쓴다.

만약 주어진 교육적·문화적 지표가 불충분하면 감정적으로는 완전히 편안해질 수 있고, 지적으로는 떨어질 수 있다는 것을 알랭의 특이한 예를 통해서 보여준다. 만약 이 지표들이, 특히 아이가 성장하는 일반적인 환경의 교육적·문화적 지표와 합치되지 않는다면 말이다.

교육과 예절

　그럼 이런 모든 것에서 예절은 어떠한가? 교육과 예절과의 관계는 무엇인가? 특별한 사회문화를 위해서, 예절을 사회문화에 의해 생긴 관습처럼 생각해야 한다. 따라서 우리 안에서 정상적으로 받아들여진 예절의 표시들을 에스키모인들의 예절과 비교할 수 없다. 예절은 더 좋지도 더 나쁘지도 않다. 예절은 그저 서로 다른 사회문화에 연관되어 있다.

　예절은 다른 사람을 거칠게 대하지 않고 괴롭히지 않으면서 그 사람을 존중할 목적으로 주고받는 관례이다. 만나거나 또는 헤어지는 어떤 사람에게 하는 인사는 단지 이 이야기 상대를, 우리 자신들이 그렇듯, 완전한 권리를 가진 한 개인처럼 생각한다는 것을 의미하고, 그리고 그처럼 그 사람을 존중한다는 것을 의미한다. 안녕하세요라는 인사는 만남을 시작하게 한다. 이 중개의 말없이, 이 연결어 없이 다른 사람에게 다가가는 것은 호전적이거나 무례한 것으로 보일 수 있다. 우리는 말을 잘한다. 말을 잘할 수 있지만…… 우리의 예절이 꼭 양호하지는 않다.

　예절은 결국 그런 단어들(안녕하세요, 안녕히 가세요, 감사합니다, 미안하지만 등등)의 총체이고, 다른 사람을 배려하고 존중하면서 그 사람과 관계를 맺게 하는 의례의 총체이다. 오늘날 우리는 이 근본적인 측면은 다소 잊어버렸고 예절의 피상적인 측면, 구속하는 측면만을 기억한다. 그로 말미암아 예절을 잊어버릴 정도로…….

　게다가 예절이 다소 잊혀졌던 것은 아마도 틀림없이 예절이 구속으로만 여겨졌었기 때문일 것이다. 실제로 예절의 목적은 훨씬 더 단순하고 훨씬 더 좋다. 예절은 당신이 존중하고 당신을 존중하는 다른 사람과 당신 사이의 중개자이다. 우리 모두가 현명해지는 날, 우리는 이 의례를 서로 행할 수 있을 것이다. 그러나 그런 경우에 우리는 참여할 수 있는가?

사람은 완벽하게 예의 바를 수 있고 다른 사람을 완전히 무시할 수 있다고 이 논거에 대해 반박할 것이다. 그것은 사실이다. 그러나 잘 납득된 예절은 정확하게 그 반대이다. 만약 예절이 의례라면 그것을 남용하지 않는 것이 중요하다. 의례를 자연스러움보다 앞세우면 안 된다.

만약 유아를 위해서 이러한 의례들의 몇몇 원칙들을 정하는 것이 좋다면, 그 원칙들은 교육 영역을 침범하지 말아야 한다. 의례는 일정한 순간이나 지표를 줄 때, 한 상황에 맞추거나 다시 맞추려고 사용될 때에만 그 가치가 있고 이상하지 않다.

그래서 왜 '안녕하세요' '안녕히 가세요'라는 인사를 해야 하는지 설명해야 한다. 이 인사들은 다른 사람과 접촉하는 수단들이다. 이 인사들이 다른 사람이 유아를 존중하듯이 다른 사람을 존중하는 방식이라는 것을 유아에게 말해 주지 않고, "실례합니다!" 또는 "감사합니다!"라고 말하도록 명하는 것은 전혀 이롭지 않다. 당신이 세금고지서를 작성하기 위해 연필이 필요해서 아이가 그림을 그리는 데 쓰고 있는 연필을 아무런 설명 없이 가져가는가? 아니다. 물론 만약 당신이 아이에게 설명한다면, 아이는 아주 잘 이해할 것이다. "미안하지만 네 연필 좀 빌려주겠니?" 그러면 이번에는 아이가 다음과 같이 말하면서 당신한테 청할 수 있을 것이다. "엄마(또는 아빠), 엄마 볼펜 좀 빌려주시겠어요?" 아이가 쓰려고 하는 것이 세금고지서가 아니라 하더라도,

아이가 그리려는 이 멋진 인물화는 아마도 당신일지도…….

물론 예절이 가정 생활을 방해해서도 안 되고 구속해서도 안 된다. 예절은 다른 사람과 교제할 때에만, 그리고 그 사람을 방해할 가능성이 있는 상황에서만 개입되어야 한다. 따라서 예절은 중재자의 역할을 할 수 있다.

한 가지 중요한 사실을 분명히 말해두자. 즉 당신 가정 안에서, 당신을 위해서, 당신이 자연스럽게, 그리고 자발적으로 자녀들을 존중하는 데 따라, 그 태도가 진실한 데 따라 예절은 분명히 조절될 수 있다는 것을 밝혀두자. 왜냐하면 당신의 자녀들이 그것을 알고 당신이 그것을 알기 때문이다. 그러나——그리고 그것은 중요하다——외부의 대화 상대자들은 그것을 모를지도 모르고, 그래서 그들이 무례하다고 생각할 수 있는 것에 의해 충격을 받을 수 있다. 한마디로 말해서, 이 점에 관해 알려 주고 경계하고 아이를 교육시키는 것이 중요하다. 당신의 장난꾸러기가 당신에게 활짝 웃으며 당신의 볼펜을 집어들고, "이 볼펜 좀 빌릴 수 있나요?"라고 말할 수 있지만 담임 교사와는 그렇게 할 수 없다. 첫번째 경우에 아이가 당신을 존중하지 않아서가 아니라는 것을 당신은 알고, 두번째 경우 교사는 그것을 모른다. 그로부터 간혹 손해를 끼치는 오해가 생긴다.

이 예는 우리를 우리의 목적으로 다시 돌아오게 한다. 즉 이 교육의 의례인 예절 또한 진정으로 학교 생활에 동화되는 데 필요한 요소이다. 확실히 예의 바르다고 해서 학교에서 잘해 내는 것은 결코 아니지만, 예의 바르면 사회에서 배척되지 않는 것처럼 학교에서 배척되지 않는다. 우리의 목적이 단지 학교에서의 성공에만 관계되는 것이 아니라 유아의 성장에도 관계된다는 것을 기억하자. 아이가 내쫓기면서 성장할 수 있을까?

그래서 어느 날 우리는 상공회의소의 전국 대표들이 모인 자리에서 학교에서의 실패에 대한 강연을 했었다. 여성 청중들 중에 한 사람은 상업고등전문학교의 교장이기도 했다. 그 교장은 그날 매우 놀란 동료들에게 자신의 학교에서 처음 몇 달 동안 자신이 지도할 책임이 있는 젊은 청년과 젊은 아가씨들에게 예절과 매너의 몇몇 기본 규칙들을 차근차근 설명하는 데 시간을 할애했다고 알려 주었다. 상업고등전문학교의 교장으로서 예절의 기본 규칙들이 틀림없이 직업적인 성공에 필요한 요소들 중에 하나인 것을 어느 누구보다도 더 잘 알고 있었다. 바람직한 사회적인 대인 관계를 갖게 해주는 이 열쇠들을 이 젊은 이들에게 주기 위해 그들이 19세 또는 20세가 될 때까지 기다려야만 했다는 것이 그저 유감스러울 뿐이었다.

그러나 또한 이 규칙들은 말로 설명되어야 하고 본보기로 공고하게 해야 하며, 동시에 따스한 애정으로 대해야 한다는 것을 되풀이해서 말해보자. 그 반대되는 경우에 그 규칙들은 어떤 의미도 갖지 않을 것이며, 그리고 조절 장치나 가속 장치보다는 도리어 제동 장치라는 것이 판명될 터이다.

만약 교육하는 것이 **법들**을 알려 주는 것이라면, 단지 그런 것만은 아니다. 유아를 잘 교육시킨다는 것은 아이로 하여금 교육에 포함되는 구속을 호의적으로 받아들이게 하는 것이다. 유아는 다른 사람들과 살기 때문에, 후일 다른 보상들을 받기 위해 타협해야 한다. 다행히 이 구속의 경험이 유아에게 다른 기쁨들을 가져다줄 것이고, 또한 아이로 하여금 나중에 공부 또는 다른…… 모든 일이 요하는 구속과 실망을 더 수월하게 받아들이게 할 것이다.

VI
말에서 언어까지

교육은 미래에 학교에서 성공하는 데 중요한 요소이다. 교육은 유아의 안정의 기반을 확립하고 사회적 동화의 열쇠를 유아에게 주며 후일 유아가 성장하는 데에도 기여한다. 만약 감성 없는 교육이 불가능하다면, 언어 없는 교육도 없다. 언어는 정보를 전달하게 하고 의사 소통하게 한다. 그렇다면 이러한 의미에서 F. 돌토가 명시했듯이 "모든 것이 언어이다." 우리는 이 장에서 말로 표현하는 언어로 제한할 것이다.

여기서 우리가 걱정하는 것은 우리 아이들에 대한 것, 학교에서의 성공과 개인적인 성공에 대한 걱정이다. 이 범위 안에서 말과 언어의 중요성은 무엇인가?

당신의 말

유아는 단어를 사용해서 말을 하기 전에 몸으로 이야기한다. 유아의 표정·몸짓·옹알이·외침·웃음 모두가 다 표현 수단이다.

물론 유아가 단어로 말하지 않기 때문에 유아에게 말하지 않아야 하는 것은 아니다. 오늘날 논쟁이 되고 있는 것은 확실한데 항상 그렇게 의미심장하지는 않았던 것 또한 사실이다. 오늘날 아기의 신분은 앞선 세기 아기의 신분과는 공통점이 전혀 없는 것 같고, 이전 세기 아기의 신분보다 더 못하다. 그러나 그것이 우리의 관심사는 아니다.

유아의 말 이전에 먼저 당신에게 속한 당신의 말이 있다. 그런데 바로 그 말이야말로 유아의 말에 대해 결정적일 것이다. 따라서 교육처럼 부모의 말에 임의로 세 가지 역할을 부여할 수 있다. 감정적인 말, 교육적인 말 그리고 문화적인 말이 있다.

감정적인 말은 유아를 개별화하고 안정시키는 말이기도 하다. 이 말은 유아에게 주어진 성과 이름으로 시작한다. 성은 유아를 가족 안에 포함시키는 반면 이름은 유아를 가족 한가운데에서 개별화한다. 이 일이——모든 부모들이 잘 알고 있다——보이는 것처럼 그렇게 대수롭지 않은 것은 아니다. 성과 이름은 **자아** 긍정의 전제이다. 즉 성과 이름은 유아의(용어의 심오한 의미의) 정체성, 유아 개별화 정체성의 첫 번째 요소이다. 우리는 어느 날 한 엄마를 14세 된 그녀의 아들과 함께 만나게 되었다. 이 엄마는 자신과 자녀 사이의 너무 강한 관계에 대해 걱정하고 있었다. 면담이 이루어지고 있는 동안 아이에게 말을 걸 때마다, 이 엄마는 아이를 "내 아기"라고 부르면서 말을 걸었다. 만약 이 엄마가 "아기"를 아이의 성으로 부른다면 아이는 틀림없이 엄마와 떨어질 기회를 더 가지고, 독립적으로 될 기회를 더 가지게 될 것이다.

이 특별한 측면으로 말하자면 그것은 세례명, "내 아기" 등은 신중하게 사용되어야 한다는 것을 말하기 위해서이다. 또한 만약 유아들이 이해할 수 있다면 아주 일찍, 가능한 한 가장 빨리 이름으로 불러야 한다. 유아를 이름으로 부르는 것은 유아를 개별화하고 유일한 존재로 만드는 것이다. "내 아무개"라고 부르는 것이 기분은 좋지만 그런 호칭이 함축하는 소속의 개념은 점차적으로 필요한 분리를 용이하게 하지 않는다. 다시 한번 더 말하지만 그런 오용은 해를 끼친다. 만약 유아가 단지 "당신의 아기"일 뿐이고 4세, 5세 또는 6세가 될 때까지 그렇게 남아 있다면, 당신은 실제로 6세의 다 큰 아기를 갖게 될 가능성이 매우 높다. 만약 반대로 당신이 시기적절하게 이러한 감정적인 호격으로부터 벗어난다면 난처한 사건이 생기지 않을 것이다.

유아가 말을 할 수 있도록 유아에게 말을 하라

유아에게 말을 하는 것, 그것은 유아를 유일한 존재, 교류하는 존재로 만드는 것이다. 아기는 아기의 방식으로 아기의 표현을 통해, 아기의 몸짓으로 당신한테 대답할 것이다. 어쨌든 아이는 당신이 말하는 것을 통해 자기에게 말한다는 것을 느끼는 만큼 당신의 말하는 방식에 의해서도 그렇게 느낀다. 말의 내용 또한 말을 담고 있는 방식만큼 중요하다. 만약 실질이 중요하다면, 형식도 그만큼 중요하다.

처음 수유 전에, 수유 중에 그리고 수유 후에(일반적으로 돌보기 전에, 돌보는 동안, 돌본 후에) 진행되는 일들은 언어화되어야 한다. 신생아를 안고 말 한마디하지 않으면서 젖을 주거나 우유를 주는 것은 정말로 신생아를 사물로 여기는 것이다. 마찬가지로 만약 당신이 다른 곳을 보아도 물론 그렇다. 이러한 두 가지 태도는 인간적인 계획에 아이를 포함시키지 않는다. 만약 반대로, 이 모든 것이 아이와 관계되는 말과 함께 이루어진다면 아이는 전적으로 인간적인 존재가 된다. 물론 당신은 형식을 갖추지 않을 수 있다. 그 경우 당신은 아이에게, "알겠지만, 지금 엄마(또는 아빠)가 몸이 좀 안 좋구나…… 그렇지만 너 때문에 그런 것은 전혀 아니란다"라고 말할 수 있다. 아기가 당신이 돌봐 주지 않는 것이 자신의 책임이라고 생각할 수 있기 때문에 명확하게 말하는 것이 중요하다. 물론 아기는 그것을 지적으로 생각하지는 않지만 "직감한다."*

이러한 행위를 그리고 유아와 관계되는 모든 행위(옷입히기, 대소변 뒤처리 등등)를 보살피는 일은 아기를 의사소통의 존재로 만든다. 아기는 낱말로 대답하지는 않지만 그것이 가능하게 되면 바로 열의를 보인다.

이것은 아기를 말의 홍수 속에 빠뜨려야 한다는 말도 또한 아니다. 이 말들은 동반하고 언급해야 한다. 그렇게 해서 당신은 아기와 관계되는 가장 간단한 계획을 아기에게 알릴 수 있다. "내일 우리는 삼촌을 보러 간단다……." 당신은 말로 아기에게 당신의 주변에 대해 이야기해 줄 수도 있다. 당신이 이야기해 주는 방식이 주변과 아기와의 관계를 좋게 또는 나쁘게 할 수 있는 조건이 된다.

당신이 아기를 돌보게 되는 순간에 아기에게 말하는 것이 중요하다. 아기가 자신의 중요성, 자신의 어휘적 의미의 존재를 의식하게 되는 것은 바로 그 순간들이다. 만약 그 말이 건설적이고 즐겁다면, 아기는 자신도 또한 주고받을 수 있도록 말을 제 것으로 삼으려고 아주 일찍 열의를 보일 것이다.

---

* 유아가 느끼는 것에 대해 이야기하기 위해 F. 돌토는 이 단어를 사용한다(《유아들의 입장 *La Cause des enfants*》 참고), Robert Laffont, 1985.

우리는 지금 4세의 토마에 대해 이야기하려고 한다. 토마는 유치원 4-5세 반에 다닌다. 토마는 자신이 겪은 미비한 경험으로, 왜 말하는 즐거움이 본질적으로 주고받는 즐거움인지 우리에게 보여줄 것이다.

토마, 말없는 아이

우리에게 토마에 대해 이야기한 사람은 토마의 담임 교사였다. 토마의 담임은 정당한 이유로 걱정하고 있었다. 4세의 토마는 말을 하지 않는다. 친구들과도 이야기하지 않고 선생님하고도 말하지 않는다. 말을 하지 않을 뿐만 아니라 아무것에도 관심을 갖지 않는다. 토마는 교실에서 그 어떤 활동에도 참가하지 않는다.

상담할 때 토마의 큰 고뇌가 드러났다. 토마의 커다란 푸른 눈은 의아하다는 태도로 우리를 뚫어지게 쳐다보았다. 그렇지만 우리는 토마와 이야기를 나눌 수 있게 되었다. 토마의 엄마 이름은 무엇이지? 토마는 거의 들리지 않는 목소리로 "엄마"라고 대답했다. 그럼 아빠는? "아빠……." 토마의 목소리는 거의 들리지 않았다. 토마는 문장으로 말하지 않고 속삭이는 짤막한 단어들로 대답한다…….

4세의 토마는 색깔을 알지 못하고 몸의 구조를 잘 모른다(정상적으로 성장한 같은 나이 또래의 유아는 잘 알고 있다). 교실에서의 토마의 태도는 고통받고 고뇌에 찬 유아라는 것을 말해 준다. 토마는 전혀 웃지 않고 미소도 짓지 않으며 친구들과 놀지도 않는다.

토마의 증세를 설명하자면 너무 길어질 것이다. 여기서 우리가 관심을 갖는 것은 토마와 언어와의 관계이다. 토마는 말을 할 수 있지만 나누고 싶은 그 어떤 욕구, 그 어떤 즐거움도 나타내지 않는다.

더 깊이 살펴보면 설명이 될 것이다. 실제로 토마는 매우 불안해하는 엄마에 의해 양육되었다. 토마 엄마의 불안은 말의 홍수로 표현되었다. 토마의 엄마는 말을 너무 많이 했다. 온갖 것을 조금씩. 토마의 엄마는 자주 이야기의 본론을 벗어나기까지 한다. 그녀의 언어는 상대방의 말에 전혀 귀를 기울이지 않을 정도로 침략한다. 토마의 엄마는 대화 상대자의 말을 듣기는 하지만 귀를 기울이지는 않는다. 이러한 태도는 우리와 상담을 하는 중에도 명백했다. 토마의 엄마는 말을 독점했다.

불행하게도 토마에게도 역시 그렇게 한다. 더 불행하게도 토마의 엄마는 너무 불안하고 혼란해서 모든 것을 빨리 하기를 원한다. 더 빨리 하기 위해 그녀는 자녀를 대신해서 한다. 실제로 그녀는 토마를 대신해서 말하고 행동한다.

이런 상황에서 토마는 어떤 나누는 즐거움을 찾을 수 있겠는가? 토마의 자리는 어느것인가? 토마의 정체성은 어떤 것인가? 토마의 자립은 어떤 것인가? 토마는 나누고 생각하고 행동할 수 있는 존재처럼 고려되지 않으므로 조금씩 말, 행동 그리고 언어의 정신적 에너지의 투입을 중단했다.

이 어린 소년에 대한 치료로, 아이를 위해서는 치료 작업실이 계획되었고 토마의 엄마 또한 그것을 인식하도록 이끌어졌다. 이것과 병행해서 아빠도 이러한 과정에 포함되었다. 아이의 문제를 더 자각하고 있는 토마의 아빠는 자신의 수준에서 개입할 수 있었다. 6개월간의 치료가 끝날 무렵 토마는 친구들, 담임교사와 이야기하기 시작했다. 토마는 대답하는 것에만 만족해하지 않았다. 게다가 토마는 권하는 놀이와 활동에 관심을 보이기 시작했다.

여기서 우리가 강조하고자 하는 것은 유아의 언어가 풍성해지도록 계획하기 전에, 아이가 **말하고, 나누고자 하는 욕구**를 갖도록 해야 하는 것이다. 이러한 욕구는 말하기 시작할 수 있는 순간에 생기지 않는다. 욕구는 수태하는 순간부터 시작된다. 만약 아주 일찍 당신이 아이와 주고받기 시작하면, 아이는 당신과 나누는 것이 신체적으로 가능해지자마자 나누고자 하는 욕구를 가질 것이다.

토마는 말할 줄 알지만 말하고 싶어하지 않는다. 토마는 말 속에 빠져 잠겼고 평등한 대화 상대자로 여겨진 적이 없었다.

이 이야기들을 통해서 다음을 잊지 않는 것이 중요한데, 그것은 당신이 아이의 안정에 근본인 동시에 아이가 일반적 견지에서의 세상을 발견하고 특별히 사회 영역을 발견하는 데 동반하는 것도 당신이라는 사실이다. 이것은 교육이라는 간접적인 수단에 의해 이루어진다. 그런데 교육은 말과의 관계 덕택으로, 그날그날 주어지는 본보기에 의해 견고해진다.

아기는 자기의 신원을 확인해 주고 안정시키고 **"존재의 이유"**를 부여하고 자기를 대등한 대화 상대자로 만드는 언어에 휩싸여 있는 것이 중요하다. 설령 초기에 이 대화 상대자가 말하기 위한 단어들을 알고 있지 않다고 하더라도 그렇게 하는 것이 중요하다. 말에 대한 욕구는 이러한 때 이른 교류에서 나온다. 즐거움이 있기 때문에 욕구가 있을 것이다. 말하기 위해 말하는 것은 아무 소용이 없다는 것은 바로 이런 이유 때문이다. 말은 의미를 지녀야 하고 먼저 말을 하는 사람을 위해 참된 즐거움이어야 한다. 말이 진실되어야 한다는 것 또한 이 때문이다. 만약 당신 마음에서 애매하다고 느낀다면 삶의 거짓된 기쁨을 선포하지 마라. 그리고 그 경우에 의중을 드러내는 게 더 낫다. 우울하더라도 말이다. 아이는 그 기쁨이 꾸며낸 것이라는 걸 느낄 것이기 때문에 기뻐하는 척하는 것은 아이를 의혹 속으로 빠져들게 할 것이다.

유아가 말할 줄 알기 전에 유아에게 말하는 것은 유아에게 언어에 다가가려는 욕구를 주는 동시에 유아를 개별화시키고 안정시키는 것이다. 유아가 말을 할 즈음에 당신이 가지게 될 나눔의 질은, 유아가 말을 하기 전에 당신이 유아와 갖는 나눔의 질에 부분적으로 의존한다.

만약 말하고자 하는 욕구가 말 그 자체 이전에 확립된다면, 그 욕구는 틀림없이 나중에 영아기 내내 키워지고 풍성해진다. 말의 수단을 가지고 있는 유아는, 우리가 그것을 허용하느냐 안 하느냐에 따라 다소 편안하게 기쁘게 말을 사용할 것이다. 말을 거의 하지 않았던 레미(83쪽)를 기억해 보자……. 질적으로 그리고 양적으로 빈약한 인간관계의 교류와 억제가 그런 엄격한 금지에서 생겨났다. 어떻게 달리 될 수 있었겠는가?

진실된 말의 중요성

우리가 다음과 같은 질문들을 자주 받는다. 유아에게 모든 것을 말해 주어야 하는가? 말은 무엇에 있어서 진실되어야 하는가? 첫번째 질문에 대해서 간단한 대답을 할 수 있다. 유아가 질문하는 모든 것 또는 유아를 불안하게 하는 모든 것은 말해 주어야 한다라고. 필요한 때에 그리고 적절한 순간에 그래야 한다. 유아가 요구하지 않는 설명들로 유아를 괴롭히는 일과는 관계없고, 유아의 요구를 예측하고 대비하는 일과도 관계없다.

말은 상징적인 중계자이기 때문에 유아의 상상의 일탈을 막아 준다.

그 결과를 알 수 없는 일탈 그리고 어쨌든 유아를 불안하게 하는 일탈들을.

간단한 예를 들어 보자. 부부간의 싸움이 어른들에게만 관계될 경우에는 아이에게 말해 줄 필요는 없다. 이 분쟁은 어른들의 문제이다. 반대로 만약 이 분쟁이 이혼으로 이어질 수 있을 때, 설명과 함께 아이에게 싸움에 대해 말해 줘야 한다. "아빠(또는 엄마)와 나는 서로 잘 지내지 못해서 (어쩌면) 헤어지려고 한단다. 이건 우리들 문제이고 너에게는 아무런 책임도 없단다. 이런 일은 부부에게 닥칠 수 있다. 엄마와 아빠가 헤어지게 됐단다. 더 이상 사랑하지 않기 때문에…… 이건 너희들 잘못이 아니란다. 만약 그런 일이 생기면, 자 이런 일들이 일어날 거다…… 등등."

이러한 설명은 필요한 것으로 드러난다. 그것을 유아에게 감추려 한다는 것은 헛된 일이기 때문이다. 그리고 위험한 일이다. 아이는 한쪽 또는 다른 한쪽의 불안을 잘 알아차릴 것이다. 그리고 긴장을 알아차릴 것이며 그것이 자신의 책임인지 늘 자문할 수 있을 것이다. 만약 헤어진다라는 단어가 나오고 아무것도 이야기되지 않는다면 그때 아이는 자신의 앞날에 대해 가장 큰 불안을 가지게 될 수 있다. 왜냐하면 아이는 그때 버림받는다는 것을 전적으로 상상할 수 있기 때문이다. 만약 사례가 필요하다면 폴린의 예(64쪽)가 우리에게 그것을 환기시켜 줄 것이다.

이러한 형태의 설명이 명확한 경우에, 물론 유아는 다른 한쪽에 맞선 한쪽에 의해 협박의 대상이 되지 않았었다. 유아는 심판도 또한 아니었다. 현실에서 문제가 그렇게 간단하지 않다는 것을 우리는 안다. 이별의 고통은 종종 압박감 또는 난폭함을 초래한다. 그래도 유아에게 있어서 부모 양쪽 모두 중요하다는 것을 기억하자. 아이의 아빠이고 아이의 엄마이다. 아이로서는 아무도 잘못하지 않았다(물론 학대나 강간의 경우는 제외). 한 여자(또는 한 남자)가 배우자의 부정을 비난하는 것은 합법적이지만, 부정한 이 아버지 또는 이 어머니가 아이에게는 아이의 아버지 또는 아이의 어머니이다. 아이의 편에서는 아버지나 어머니를 비난할 것이 아무것도 없다⋯⋯. 따라서 아이를 심판으로 삼지 말아야 한다.

유아의 육체적·정신적 안정이 위협받는 한 모든 것이 유아에게 말해져야 한다. 말은 상황을 설정하거나 재설정하고 억제할 수 없는 상상의 일탈을 막아 준다. 진실한 말이 강조되는 건 바로 그 점에서이다. 안정시키는 것과는 거리가 먼, 그렇지 못한 모든 말들은 의심, 근심 그리고 추가 불안 상태를 유발할 것이다. 결국 이것은 유아의 정신적인 유연함과 안정감에 대해 영향을 미칠 것이다. 만약 당신이 이 말이 가능하지 않다고 느낀다면, 자녀에게 그것을 말하고 객관적인 어떤 사람에게 사건들을 말하도록 해보라.

유아의 호기심을 격려하라

질문에 대한 다른 측면의 우리의 대답은 다음과 같다. 유아에게 모든 것을 말해야 하는가라는 질문은 유아가 질문하는 모든 것에 해당된다. 여기에 문화적인 말과 다시 연결된다.

유아기는 "왜"와 "어째서?"라는 질문을 많이 하는 기간이라는 것을 모든 부모들은 알고 있다. 유아가 말의 도구를 갖고 그것을 사용하는 것을 즐거워할 때 아주 다양한 주제들에 대해 질문한다. 알려고 하는 이 욕구, 이러한 호기심이 바로 프로이트가 **인식사모 충동**(pulsion épistémophilique)이라고 부르는 것이다(F. 돌토는 같은 과정을 지칭하기 위해 인식 충동에 대해 이야기한다).

인식사모 충동은 알고 싶은 욕구와 관계가 있다. 이 충동은 모든 유아에게 고유하다. 또한 발달되어 가는 도중에 점점 더 적극적인 방식으로 표현되지만——그런데 바로 그 점이 우리 아이 미래의 성공을 위해 중요하다——환경에 의해 약화될 수도 있다. 알고 싶고 발견하고 싶은 이 욕구, 이러한 호기심은 만약 유지되지 않고 자극되지 않고 함양되지 않으며 격려되지 않는다면 약해지거나 사라질 수 있다.

유아는 태어나자마자 주위에 관심을 갖는다. 신생아는 자신과 세상과의 관계 또한 발견의 관계라는 것을 이해하기 위해, 장난감 동물이나 인형을 입으로 가져가고 소리가 나는 모든 물건들을 가지고 소리를 내보고 이런 여러 가지 다른 활동들을 하면서 즐거워하기만 하면 된다. 아기는 처음으로 걷기 시작할 때, 무엇인가 발견하고 만지고 체험할 수 있는 곳은 어디든지 간다. 그러고 나서 점점 더 통사적으로 정확한 문장을 만들기 위해 처음 익힌 단어들이 조금씩 모아지게 된다. 만약 유아의 발견 욕구를 반복해서 금지시키면 이 욕구는 완전히 사라지고 말 것이다.

이것이 바로 정확히 레미한테 일어났던 일(83쪽)이고 또한 토마가 겪은 일(103쪽)이다.

여기서 우리가 교육적인 말이라고 부르기로 합의한 것과 문화적인 말 사이의 관계는 아주 미묘하고 구별하기 힘들다. 기억해야 할 것은 바로 금지 사항이 유아의 교육에 필요하다는 사실이다. 금지 사항들이 유아를 위태롭게 할 때나 또는 다른 사람의 자유를 구속할 때 금지 사항들은 강제적이다. 이러한 현실적 위험들이 없을 때, 발견하고 체험하도록 유아에게 모든 자유를 주는 것이 중요하다. 만약 유아가 움직이지 않는다면, 만약 하루 종일 자신의 '공원'에 '갇혀서' 있어야 한다면 유아는 어떻게 자신의 알고 싶은 욕구, 발견하고자 하는 욕구를 유지할 수 있겠는가? 마찬가지로 만약 아이가 질문을 하기 시작할 때, "날 좀 가만두렴" 또는 "네 질문 때문에 귀찮구나"라고 말하면서 아이를 냉대하거나 입다물게 한다면 어떻게 그런 욕구를 유지할 수 있겠는가? 그런 경우에 아이는 실제로 당신을 조금씩 괴롭히지 않을 것이고, 질문으로 당신을 귀찮게 하지 않을 것이지만, 후일 학교에서 동기가 부여되지 않은 유아, 아무것에도 관심이 없는 유아인 것 같다고 당신에게 말한다고 놀라지는 마라.

우리가 이미 강조했지만, 유아의 성장과 미래의 성공에 중요한 요소이기 때문에 우리는 다시 한번 힘주어 반복한다. 우리가 유아에게 관심을 갖고, 유아가 던지는 질문에 대답해 주고, 유아가 주위를 발견하도록 해준다면, 유아는 내일 역동적이고 활기차고 흥미를 가진 동기가 부여된 유아가 될 것이라고. 유아가 먼저 자신의 주위 환경에 관심을 갖고 그 다음 학교에 관심을 갖기 원한다면, 결국 유아의 질문에 대답해 주는 것이 가장 중요하다.

당신은 아이에게 뭐라고 대답할지 모르는가? 상관없다! 그저 아이에게 당신이 모른다는 것을 말하고 다른 사람에게 물어보라고 말하고, 아이가 당신한테 답을 줄 수 있다면 그 또한 좋을 것이라고 말하라.

중요한 것은 이 충동을 막지 말고 당연한 이 호기심을 잃지 않게 하는 것이다. 당신은 당신이 하는 답변에 대해 자신이 없는가? 자 그럼,

아이에게 "이것이 내가 생각하는 것이지만 나는 그것에 대해 아주 확신하지 않는다……"라고 말하라.

유아의 문제 제기는 다른 사람과의 관계 수단이고 동시에 세상을 발견하는 방법이다. 아이를 냉대하고 아이에게 대답해 주지 않으면서 당신은 조금씩 이 두 가지 기본적인 과정을 소멸시킨다.

그렇지만 당신은 당신의 기분을 느낄 수가 있다! 당신은 이따금 그렇게 하고 싶지 않을 때, 만약 그것이 일시적인 것이라면 그렇게 충격을 주지는 않을 것이다. 그날 기분이 좋지 않다는 것을 알고 느낄 수 있다. 현실 원칙, 그것 또한 마찬가지이다. 만약 우리의 목표가 이 페이지들을 통해서 몇몇 지표를 주는 것이라면, 이러한 지표들의 적용이 항상 쉽지는 않다는 것을 우리는 잘 안다. 유아는 또한 마음 아픈 경험들을 통해서 성장한다. 단지 이러한 경험들이 건설적이고 긍정적인 것들보다 앞서는 순간부터 유아는 자멸한다.

유아의 이 인식사모 충동의 유지와 자극은 장차 유아가 학교에서 성공하는 데 절대 **필요 불가결한** 조건이고, 유아 미래의 모든 동기 부여의 조건이 된다. 만약 유아가 금지 사항과 혼란에만 직면한다면 지식으로의 모든 접근은 차단될 것이다.

다음 사실을 잘못 생각하지 마라. 미래의 학교 교육에 관한 동기 부여와 지적 동기 부여가 놀이에 있다면, 유아는 이 경험의 해석을 통해 다른 것들을 척척 해낸다. 특히 유아기에 자극되고 유지되는 유아의 호기심은 밝은 미래의 조건이 된다. 호기심이 많은 유아는 학교 외에서도 여전히 밝고 명랑하다. 유아는 모든 것에 흥미를 갖는다. 이 유아에게는 모든 것이 의미가 있다. 유아의 세계는 특별한 한두 구역으로 제한되어 있지 않고 폭넓게 개방되어 있다. 이런 유아는 결코 지루해하지 않는다. 이런 유아는 역동적이고 솔직하며, 활기에 찬 아이다.

반대로 억눌리고 내성적인, 별다른 흥미를 갖고 있지 않는 그런 유아들에 대해 걱정할 수도 있다. 이 유아들이 성인이 되었을 때 어떤 미래가 열릴까? 이 유아들의 발견하고자 하는 욕구, 삶의 욕구는 상당히 압도될 것이기 때문에 그들 중 상당수의 아이들이 의기 소침해질 것이라고 생각할 수도 있다.

언어와 읽기: 밀접한 관계

좋은 언어 수준에 도달했고, 그 언어를 분별 있게 사용하는* 유아는 읽기를 성공적으로 해낼 가능성이 크다는 사실을 모든 교사들은 주목한다. 더 나아가 이 유아는 읽기를 좋아할 것 같다. 이 사실은 지금까지 우리가 제시한 서로 다른 증거들을 통해 충분히 쉽게 설명된다.

분별 있게 사용된 언어에는 아주 바람직한 질적 인간 관계가 내포되어 있다. 말을 하지 않는 유아 또는 거의 말을 하지 않는 유아는, 우리가 보았듯이 교류하는 즐거움, 의사소통하는 즐거움이 없는 유아이다. 만약 이 유아가 지금의 다른 사람과 의사소통하는 즐거움이 거의 없다면, 존재하지는 않지만 책을 읽음으로써 상징으로 나타나는 다른 사람과 의사소통하는 즐거움을 가질 가능성은 거의 없다.

분별 있게 말하는 유아는 또한 다른 사람을 존중하는 교육적인 규칙

---

* 유아가 자신에게 묻는 질문에 대답하는 것을 의미하지만, 또한 그렇게 하고 싶거나 그럴 필요가 있을 때 거리낌없이 개입하고 부탁하는 것을 의미한다. 또한 독점하지도, 피하지도 않고 의사소통을 할 수 있는 유아이다.

을 긍정적으로 동화한다. 또한 이 유아는 교육 다음에 오는 연기된 쾌감 원칙의 규칙을 내면화한다(80쪽 글상자 내용 참조). 읽기 학습은 전형적으로 연기된 쾌감 원칙이다. 유아는 읽는 방법을 알고 싶어하고, 그러기 위해서 만약——그러나 이 '만약' 이 중대한 결과를 초래한다——유아가 연기된 쾌감의 개념을 동화했다면 학습에 동의한다.

분별 있게 말하는 유아는 인간 관계가 좋고 다른 사람의 말에 귀를 잘 기울이는 유아, 즉 정서적으로 유연한 유아라고 말할 수 있다. 이 유아가 언어 교류에서 보여주는 이러한 정서적인 유연성은 읽는 행위에서도 동원됨을 알게 될 것이다.

이 모든 사실은 만약 유아에서 성인까지 교류 관계가 좋다면(여기서 우리는 초등학교 1학년에 들어갈 준비가 되어 있는 유아에 대해 말하고 있다. 물론 유아–성인 관계에 있어서의 자유스러움은 나이와 더불어 확실해진다) 더욱더 확실하다. 성인과 편안하게 교류하는 유아는 그렇게 하는 것에 두려움을 갖지 않고 성인을 신뢰하고 자신이 존중되어지는 것을 아는 만큼 성인을 존중하는 유아이다. 성인에 대한 이 신뢰는 유아에게 읽기를 가르쳐 줄 이런 또는 저런 교사를 만나게 될 때 꼭 필요하다. 이 신뢰는 유아를 정서적으로 많이 유연하게 해줄 것이다.

우리는 이 모든 사실을 앞의 장들에서 논증했다. 자 이제는 읽기에서 성공하기 위한 새로운 예비 측면을 살펴보자. 그건 풍부한 어휘 지식과 관계된다.

그 개념의 중요성을 잘 이해하기 위해서, 우리는 아주 구체적인 세 가지 선례에서부터 시작하고자 한다.

첫번째 예는 유치원 5–6세 반에 다니는 5세 뱅상의 경우이다. 뱅상은 안색이 좋은 동그란 얼굴의 남자아이이다. 어느 날 우리는 교사가 함께 있는 교실에서 책상에 고개를 숙이고 있는 뱅상을 보았다. 둘 다 어쩔 줄 모르고 있었다. 교사는 같은 나이 또래의 모든 유아들이 해결하는 간단한 문제를 뱅상이 모르고 있는 데 대해 놀랐으며, 이 남자 아이는 던지는 질문을 전혀 이해하지 못했다.

　문제는 다음과 같다. 뱅상에게 제시된 문제는 눈앞에 있는 그림의 유형을 분류한 카드를 가지고 구별짓는 것이다. 그림이 나비인데 뱅상은 두 카드를 배열한다. 즉 하나는 'le(단어 앞에 붙이는 정관사 남성 단수: 역주)' 이고 다른 것은 'la(정관사 여성 단수)' 이다. 뱅상은 나비 그림 앞에 올바른 카드를 놓아야 한다. 뱅상은 다른 그림들 앞에서 이 단어들을 배열할 줄 알기 때문에 뱅상은 벌써 'le' 와 'la' 라는 단어들을 알고 있지만, 나비 그림 앞에서는 가장 극도의 혼란 속에 빠진다. 교사는 뱅상의 난감함을 이해하지 못한다. 그래서 우리는 얼굴이 벌개진 이 남자아이에게 앞에 있는 그림이 나타내는 것이 무엇인지를 아는지 애써 물어보았다. 뱅상은 눈을 들어 우리를 쳐다보았고…… 그리고 모른다는 표시로 어깨를 으쓱했다. 뱅상은 5세인데도 나비가 무엇인지 모른다. 뱅상은 2백 미터 떨어진 곳에 관상용 정원이 있는 동네에 살고 있고, 뱅상이 다니는 학교에도 꽃들이 심어져 있는 작은 정원이 있다……. 어느 날 이 작은 남자아이에게 곤충을 가리키면서 "저기 나비 보이니?"라고 말하는 것을 단지 잊어버렸을 뿐이다……. 아이가 질문을 했던 날에 "날 좀 가만두렴……"이라고 대답하지 않았더라면…….

　우리가 뱅상의 사례로 시작했다면 그것은 먼저 언어와 관련지어, 그리고 그 다음 읽기와 관련지어서 행해지거나 행해지지 않을 수 있는 것을 아주 잘 보여주기 때문이다. 하지만 계속해 보자…….

두번째 사례는 초등학교 2학년을 유급한 8세의 소녀 나타샤의 경우이다. 나타샤는 재교육에서 "바위 위에 독수리 한 마리가 앉아 있다……"라는 문장을 읽어야 했다. 나타샤는 '한 마리'는 읽을 줄 알았는데, 'ai(독)'와 'gle(수리)'라는 어려운 단어들에 부딪쳤고 다른 단어들도 어렵게 읽어 나갔다. 예를 들어 바위의 'cher(위)'도 나타샤에게 문제가 되었다. 뱅상에게 했던 같은 질문, "독수리가 뭔지 아니?"를 물어본다면 나타샤는 무엇인지 모른다. 그러면 바위는? 나타샤는 어깨를 으쓱한다. 그건 더 모른다…….

마지막 사례는 증언의 형태로 소개된다. 초등학교 1학년 여섯 명의 적응반을 책임지고 있는 교사의 증언이다. 교사는 다음과 같이 이야기하였다. "여섯 명 중에 다섯 명은 기관차, 즉 이 단어가 뜻하는 것을 알지 못했어요." 문제가 시골에 사는 아이들에게 일어났다면 이해될 수 있겠지만 소도시에 사는 아이들에게 일어난 만큼 이해가 잘 안되는 것이었다. 학교에서 50미터 떨어진 곳에 우회하는 철도가 있고, 적어도 하루에 네 번 기차가 이곳을 지나가는 만큼 이 경우는 납득이 잘 안된다. 6세가 될 때까지 적응 수업반의 여섯 명 중에 다섯 명은 벌써 수천 번이나 기차를 보았을 텐데…… 그 아이들은 기관차를 알지 못했다.

위의 세 사례들은 관계 언어, 교류 언어 그리고 문화 언어라고——또는 아니라고——할 수 있는 것을 시사한다.

여기서 세 가지 가정이 가능하다:

— 이 유아들은 주변의 단순한 정보에 대해서 결코 질문을 하지 않았다;

— 또는 유아들의 이러한 질문들에 대해 전혀 대답을 해주지 않았

고, 그리고 아이들의 호기심은 둔화되었다;

— 또는 유아들에게 보여주거나 지칭하거나 호기심을 자극하는 일을 전혀 생각해 보지 않았다.

모든 경우에서 제한된 언어 교류가 있었다. 모든 경우에서 언어는 의사소통, 교류의 수단이 아니었다.

환경에서 오는 문화적 결핍에 대해 말할 수 있는가? 여기서는 아니다. 모르고 있던 단어들은 특혜받은 문화적 환경의 전유물이 되기에는 너무나 진부한 단어들이다.

자 이제 뱅상, 나타샤 그리고 초등학교 1학년 아이들의 입장이 되어 보자. 읽기에 대한 그처럼 빈약한 어휘 지식의 관계는 어떤 것일까? 만약 뱅상이 나비라는 단어를 모른다면, 그리고 만약 8세인 나타샤가 바위와 독수리라는 것을 모른다면 다른 단어들도 모르리라는 것은 너무나 분명하다. 만약 초등학교 1학년의 이 아이들이 기관차라는 것을 모른다면 이 아이들의 읽기 학습은 어떨까? 만약 이 아이들이 우리가 방금 언급한 단어들과 같이 친숙하고 자주 사용하는 단어들을 모른다면 이 아이들이 어떻게 읽을 수 있겠는가? 특히 이 아이들이 어떻게 읽기에 의미를 둘 수 있겠는가?

그 아이들로서는 최소한 두 문장 또는 세 문장마다 이해하지 못하는 단어가 있으리라는 것은 분명하다. 따라서 아이들은 텍스트를 이해하지 못할 것이다. 이렇게 이해하지 못하면 빨리 흥미가 없어질 것이고, 곧 완전히 포기하게 된다. 그렇다면 이 아이들은 어째서 그 단어들을 알지 못하는가? 잠시 이 아이들의 입장이 되어 보자. 특별한 언어를 사용하는 책을 들어 보자. 만약 우리가 사용된 단어의 뜻, 의미를 모른다면 우리는 아주 빨리 손에서 책을 내려놓을 것이다.

많은 단어들을 모르고 있는, 바로 우리의 읽기 초심자가 정확히 그렇게 하게 될 것이다. 뱅상, 나타샤 그리고 다른 아이들이 우리에게 그것을 웅변적으로 보여준다. 읽기 학습은 충분한 어휘 지식 없이는 거의 넘을 수 없는 것이다. 반대로 풍부한 어휘, 구문 구성의 파악은 읽기 학습에 쉽게 다가가게 해준다. 왜냐하면 처음에 읽는 단어들이 의미를 갖기 때문이다. 그 단어들은 독자에게 무언가를 의미한다. 다시 말하면 **그 단어들은 독자에게 말한다.** 여기에서 표현법은 중요하지 않다. 표현법은 **읽기에서 처음 대하는 단어들과 문장들이 읽기 전에 이야기하고 말할 때 사용되고 있었다는** 것을 암시한다. 이 전제 조건 없이 읽기에 다가가는 것은 거의 불가능한 것 같다.

읽기 습득과 성공을 위한 말하기

언어와 읽기의 관계는 매우 긴밀하다. 만약 의미를 나타내는 언어 교류가 없다면 만약 말로 하는 의사소통이 없다면, 만약 주고받는 즐거움이 없다면 읽는 즐거움이 있을 가능성은 거의 없다. 읽는다는 것은 부재한 다른 사람의 메시지를 제 것으로 삼는 것이다. 이 메시지를 제 것으로 삼는 욕구를 갖기에 앞서 사전에 곁에 있는 다른 사람과 교류하는 즐거움을 가져야 한다. 구두 언어의 경우가 바로 그렇다. 그래서 읽기를 준비하는 데 있어서 언어가 중요하다. 또한 어휘와 구문 구성의 차원에서 풍부한 언어가 중요하다. 이러한 형태의 언어에 휩싸여 있는 유아는 처음에 읽는 단어들, 문장들을 이미 알고 있을 것이다. 이 문자 언어는 자신에게 건네졌던 구두 언어와 일치할 것이다.

유아의 언어 발달

오늘날 유아의 언어 발달을 보통 세 단계로 구분한다:

— 첫번째 단계는 언어전 단계이다. 이 단계는 태어나면서부터 12개월 내지 13개월, 또는 조금 더 후까지 해당된다;

— 발화 단계는 10-12개월에서 2세와 3세 6개월까지 해당된다;

— 엄밀한 의미에서의 언어는 3세에 시작한다.

여기서 나이는 참고삼아 주어졌다. 그리고 나이는 유아에 따라 몇 개월 차이가 날 수 있다.

언어전 단계

처음에 아기의 울음은 생리적인 불편함을 표현하는 것 이외의 다른 목적은 없다. 그렇기는 하지만 이 울음들은 그럼에도 불구하고 다른 사람과의 최초의 교류 방식이 된다. 실제로 다른 사람이 반응하는 방식은 최초의 인간 관계 방식이 될 것이다. 다른 사람은, 예를 들어 즉각 또는 아주 느리게 대답을 할 수 있을 것이고, 이것이 첫 번째 인간 관계 방식을 유도할 것이다

옹알이와 **혀짤배기** 소리라고 부르는 것이 한 달까지 나타나는데, 이는 유아의 첫번째 언어 구사와 아주 유사한 것이다. 그리고 6-8개월부터 유아는 첫번째 언어 구사인 모방에 의해 다른 사람과 대화하는 일정한 방식을 시작한다. 이것이 성인이 발음한 소리, 문장의 끝 부분을 반복하는 **반향 언어**라고 부르는 것이다. 물론 유아는 단어를 사용하지 않지만 유아의 방식으로 대화 상대자의 말에 '대답한다.' 다른 사람과의 교류가 구체화된다.

발화 단계

몇 개의 단어를 발음하기 시작하는 발화 단계는 반향 언어의 뒤를 잇는다. '아빠' 와 '엄마' 는 종종 성인이 한 다음에 반복된다. 어떤

유아들은 1세에 벌써 5개 내지 10개 정도의 어휘 지식을 가지고 있다. 유아들은 그 단어들의 정확한 뜻은 모르지만 비교적 그 뜻을 직감한다. 단어는 항상 행동을 동반하는데, 그 단어가 그 행동을 연상시키지는 않는다.

예를 들어 1세 6개월에 ‘베베 보보’와 같은, 문장의 시초인 두 단어의 조합이 나타난다.

거의 같은 나이에 유아는 이름들을 습득하는데, 이는 유아의 개별화에 있어서 보강하는 단계를 나타낸다.

질적이고 양적인 차원에서 더 조직화되고 풍부한 언어가 조금씩 나타난다. 3세경에 유아에게 특성·독창성·유일성을 부여하는 데 언제나 기여하는 ‘나’가 나타난다.

학교 성공을 예측하는 데 있어서 언어, 그리고 그 언어의 조작과 풍부함은 결정적인 요인들이다. 언어는 분명히 기본적인 문화 요소 중에 하나이다. 그러나 그것만이 아니다. 관계 안에서 언어가 사용되는 방식은 다른 사람과 접촉하는 능력을 아주 잘 드러내는 것이다. 주고받는다는 것은 듣는 것이고, 그것은 또한 메시지가 전해지게 하는 것이다. 온전히 전자도 아니고 온전히 후자도 아니다. 예를 들어 말을 많이 하는 유아(또는 성인)에게 속지 않도록 주의하라. 이 아이(또는 저 성인)는 자신의 불안을 해소하는 수단으로 언어를 사용한다. 말을 많이 하는 유아, 전혀 듣지 않고 주고받지 않으면서 항상 말을 하는 유아는 불안해하는 유아이다. 그런 유아의 경우는 가까이 지켜보아야 한다. 자신이 답을 알고 있는 질문에 대해 끊임없이 질문을 하는 유아의 경우도 마찬가지이다. 이 유아도 그렇게 해서 안심하려고 한다.

반대로 전혀 말을 하지 않거나 거의 말을 하지 않는 유아에게는 주

의를 기울여야 한다. 우리는 5세 전에는 말을 하지 않았었다는 아인
슈타인의 예를 알고 있다. 그러나 이는 원칙을 확고하게 해주는 특례
이다. 다시 말하자면 말을 하지 않는 유아는 인간 관계의 고통을 표현
하는 유아이다. 토마의 경우를 회상해 보자.

VII

놀 이

놀이를 말하지 않고 유아의 지성과 습득 능력을 논한다는 것은 불가능하다. 만약 언어가 말의 세계, 상징 세계를 이해하는 수단이라면, 놀이는 유아가 자신을 둘러싼 세계를 신체적·정서적으로 활용하는 첫번째 수단들 중에 하나다.

아주 확실히 해두자. 놀이 없이 유아의 조화로운 발달을 꾀할 수 없다고. 여기서 말하는 발달은 어휘의 모든 관점에서의 발달, 개성의 모든 영역에서의 발달이다. 유아의 신체적·지적·정서적 발달만큼이나 사회적 존재로서의 발달에 관한 문제이다. 놀이 또는 더 정확하게 놀이들로 인해 유아는 자신을 둘러싼 세계에 원활하게 들어갈 수 있다.

유아는 즐거움 없이는 고능률의 학습을 할 수 없고 진정한 동기를 가질 수 없다는 생각을 앞의 IV장에서 전개했었다. 놀이는 아주 정확하게 그런 성격을 띤다. 놀이는 즐거움과 결합되어 있기 때문에 가장 경쟁력 있는 학습의 수단임이 증명된다. 이러한 의미에서 놀이는 다른 것과 대치될 수 없다. 놀이는 다양한 뉴런회로를 자극하기 때문에, 확실히 지성의 생리적인 발달에 가장 영향을 미치는 요소이다. 우리가 지성의 유기적 지주라고 말한 인지 과정의 중요한 '공급자' 가 바로 놀이이다.

더구나 실제로 모든 포유동물이 자신들을 둘러싼 세계의 기초를 배우기 위해 이 방법——놀이——을 전해 준다는 점에 유의해야 한다. 어린 고양이과 동물들이 서로 싸우고 쫓아다니는 것은 단지 그것을 수단으로 삼아 나중에 자라서 사냥꾼의 삶에 필요한 것을 배우는 것일 뿐이다……. 이러한 문제들을 폭넓게 연구하는 동물행동학은 동물의 세계에서 놀이는 발달의 중요한——그렇지 않으면 꼭 필요한——단계라는 것을 확인해 줄 뿐이다. 고등 포유동물인 우리는 이 법칙에서 제외되지 않으며, 일정한 방식으로 놀이를 즐길 수 있을 뿐이다.

신체를 자유자재로 움직이려면 놀이를 하라

물론 놀이를 통해 몸을 자유자재로 움직인다는 것이 이 운동의 가장 눈에 띄는 측면이다. 이 점은 손·손가락·발을 가지고 놀면서 아주 만족스러워하는 아기와 함께 시작된다. 아기가 나타내는 감각적인 쾌감을 넘어서, 이 놀이는 아기로 하여금 자신의 몸을 발견하고 사용하는 법을 습득하게 한다.

그 다음에 아기가 기고 걸으면서 갖게 될——주변 사람들이 부추기는——쾌감도 같은 방식이다. 자신의 몸을 자유자재로 움직이는 만족뿐만 아니라 주변을 발견하는 만족도 있다.

신체 놀이는 나이와 함께 발전한다. 물론 이 놀이들은 유아의 생리적인 발달 그리고 신경 발육과 동시에 근육 발육과 연계되어 있다.

신체의 유연한 사용과 성공

여기서 놀이를 통해 신체를 자유자재로 사용한다는 점이 학교에서의 성공과 상관 있다는 것을 의아하게 생각할 수 있을 터이다. 일반적으로 교실의 선두주자들이 체육의 선두주자들은 아니라는 것이 농담처럼 받아들여지고 있다. 우리는 현실로 인해 이러한 농담을 심각하게 받아들이게 된다.

물론 우리는 신체적인 일에 전혀 가치를 두지 않는 그런 가정들을 여전히 접하게 된다. 이런 가정에서는 단지 지성만이 고려된다. 그런 교육의 성과로 취학 전 또는 취학 후의 차원에서 유아들이 뛰어나게 되겠지만 신체적인 차원에서는 나약한 유아들이 된다. 이 아이들은 신체적으로 서툴고 미숙하며 불편해한다. 신체적 유희 활동에 대한 이런 경시는 이중의 파급 효과를 낳는다. 즉 신체적 차원에서 불충분한 것은 물론이고, 그 위에 친구들과 놀이를 같이하지 않거나 너무 적게 하는 그런 유아들을 사회적 관점에서 소외시킨다. 이러한 신체에 대한 경시는 한 분야에서는 우수한, 그러나 다른 분야에서는 전혀 적응하지 못하는 그런 '전문가들'을 너무 일찍 양성한다. 만약 성인이 우연히 그런 길을 선택하고 맡게(?) 된다면, 자녀들에게 그 길을 가도록 강요하는 몇몇 부모들의 태도에 대해 의아하게 생각할 수 있을 것이다. 그들은 자녀를 통해서 어떤 갈등을 해결하는가? 그들은 자신들의 자녀들을 매개로 어떤 자기 중심적 상처를 치유하려 하는가?

불안을 제압하기 위한 놀이

영아의 놀이는 무엇보다도 신체 놀이이다. 아기는 접촉을 좋아한다. 또한 아기는 움직이는 것을 좋아한다. 그 어느것도 엄마나 아빠가 정답게 간질여 주는 것만큼 아기를 즐겁게 하지는 못한다. 조용히 흔들어 주면 아기는 진정되고 잠이 든다. 그렇게 하면 아기는 틀림없이 엄마의 **배 속**에 있을 때 알고 있던 것과 비슷한 움직임을 다시 생각해 낸다…….

이렇게 아기가 즐거워하는 상황을 많이 만들어 낼 수 있을 것이다. 그리고 그럴 때는 항상 몸의 움직임이 있지만 접촉 또한 있다. 몸의 움직임은 아기로 하여금 자신의 신체를 의식하게 하고, 접촉은 아기를 안심시킨다. 만약 아빠가 팔로 아기를 들어올려 공중에 잠시 떠올린다면, 그것은 아기를 많이 놀라게 한 다음에 웃음을 터뜨리게 하는 놀이이다. 여기에는 신체적인 강렬한 느낌이 있는 동시에 아주 빨리 안심되는 불안이 있다. 따라서 그런 느낌은 감동에 상응하는 것이다. 그러나 보통 아빠와 하는 이 '놀이'는 신중하게 해야 한다…….

조금 지나서 영아는 성인이 자신의 시야에서 사라졌다가 다시 나타나는 '까꿍' 놀이를 좋아한다. 좋아하는 얼굴이 사라졌다–다시 나타나는 것은 헤어짐에 대한 불안을 보상하는 일과 비교해 봐야 한다. 유아를 가장 불안하게 하는 것은 유아가 신뢰하는 상대(정신분석학에서의 대상)를 기대할 수 없다는 사실이라고 한다.

헤어짐에 대한 불안, 그러나 빨리 사라지는 그런 불안에 대한 개념은 나중에 숨바꼭질 놀이에서 다시 발견된다. 숨바꼭질 놀이는 같은 과정, 즉 잃음, 헤어짐 그리고 다시 찾는 과정의 성격을 띤다. 아이는 그 과정을 통해 헤어짐, 잃음을 극복하게 되기 때문에 대부분 환호와 대만족이 따른다. 아이는 더 이상 희생자가 아니다. 아이는 더 이상 수동적이지 않고 능동적이다. 다음 글상자 내용에서 프로이트가 유아의 보빈 놀이를 보면서 같은 식의 관찰을 한 것을 알 수 있을 것이다.

이 사례를 통해 신체에서 바로 사고화 · 상징화한 신체로 전이되는 것을 본다. 아기 그리고 영아는 헤어짐이 있을 수도 있다는 사실, 처음에 필요한 접촉이 멀어지고 뜸해질 수 있다는 사실을 조금씩 받아들이게 된다.

나팔을 가지고 신체를 유연하게 사용하기까지

신체 놀이를 하는 것은 유아의 조화로운 발달에 꼭 필요하다. 그 점은 먼저 자신에 대해 잘 알아야만 우리를 둘러싼 세계, 그 환경을 잘 알 수 있다는 것을 암시하는 "너 자신을 알라"에서 유래한다. 또한 그건 어떤 방식에서는 정신분석학 과정의 커다란 목표이다.

아기는 자신의 몸을 가지고 놀면서 즐거워한다. 아기는 자라고 자신의 주변을 터득하면서 즐거워한다. 아기는 더 수선스럽고 더 심한 운동들을 찾아낸다. 어느 날 아주 요란한 소음을 만들어 낼 수 있는 딸랑이 · 탬버린 또는 나팔을 자녀에게 사준 것에 대해 어떤 부모가 후회하지 않을 수 있겠는가? 유아는 감각 기관으로 진정한 즐거움을 나타낸다. 아이는 무엇인가를 만들어 내고 그것을 자기 뜻대로 한다. 부모가 그 소음을 그럭저럭 견뎌낸다는 사실이 아이에게는 부차적인 문제이다. 그 순간 유아는 다른 사람들을 귀찮게 하기 위해 소음을 내는 것이 아니라, 단지 한 행동을 습득하기 때문이고 또 강하고 즐거운 감정을 느끼기 때문이라는 것을, 특히 이 활동을 터득하기 때문이라는 것을 알아야 한다. 여기서 나팔의 소음이 어떻게 행동과 개성의 발달에 여러 가지 영향을 끼칠 수 있는지 살펴본다. 이 경우에 훌륭한 성과를 내는 습득을 핑계로 유아가 하루 종일 주변 사람들의 귀를 멍멍하게 하도록 내버려두어야 한다는 것을 의미하지는 않는다. 여기서도 만약 유아가 일정한 시간 동안 즐길 수 있는 권리가 있다면, 당신 또한 당신의 일을 위해 다소 조용하게 있을 수 있는 권리가 있다는 것을 아이에게 이야기하면서, 쾌감 원칙에서 현실 원칙으로 부드럽게 옮겨가도록 해야 한다. 또한 이때 교육이 그 역할을 하게 될 것이고, 그리고 만약 그러한 이행이 모든 사람들이 허용받을 권리를 갖는 따뜻하고 애정 어린 분위기에서 이루어진다면 교육은 그만큼 더 잘 그 역할을 할 것이다.

유아가 '성인' 놀이를 할 때

놀이를 통해 주변을 터득하고 동화한다는 개념은 중요한 것이다. 특히 모방 놀이와 역할 놀이에 있어서 그건 분명하다. 변장 놀이, 엄마-아빠 놀이, 의사 놀이, 선생님 놀이가 그런 놀이들이다. 유아가 '……처럼' 하는 상황에 놓이는 모든 놀이들이다. 유아는 자기와 가깝고 자기에게 있어서 중요한 성인들의 역할 놀이를 한다. 그 성인들처럼 하는 놀이는 유아로 하여금 일정한 방식으로 그들의 세계를 이해하게 한다. 그렇지만 이 놀이는 또한 특히 일상 생활에서 유아와 함께 있을 때 성인들이 하는 역할에 대하여 유아로 하여금 스스로 불안을 해소하게 한다. 물론 이 모든 것은 무의식적으로 이루어진다. 처음에는 유아가 성인들처럼 하는 것을 목표로 삼지만, 유아는 그 놀이를 통해 간혹 현실에서 이해하기 어려운 상황들을 너무 심각하게 생각하지 않고 그 상황들을 받아들이는 것 같다. 모르는 것은 불안하지만 놀이는 단지 놀이이기 때문에 위험 없이 일상 생활에서 일어나는 일들을 이해하게 해준다. 놀이를 했기 때문에 더 잘 알게 되는 그런 일들을 실제로 겪게 될 때 유아는 덜 불안할 것이다. 그리고 안정은 유아의 발견하는 능력, 성공하는 능력뿐만 아니라 유아의 발달에도 중요한 요인들 중에 하나라는 것을 우리는 이미 보았다.

유아는 놀이를 통해 자신의 신체를 발견하고, 이어서 자신을 둘러싼 주변 세계를 발견하고 터득하며 자신의 것으로 만든다. 그러나 우리가 보았듯이 놀이는 또한 유아로 하여금 불안을 이겨내게 한다. 이것이 프로이트가 보빈 놀이를 하는 1세 6개월 된 사내아이를 관찰한 후에 이해했던 것이다.

따라서 놀이는 유아 자신의 생활과 외부의 생활 사이를 이어 주는 가장 좋은 중개자와 같다는 것이 명백하다. 놀이 덕분에 유아는 자신을 둘러싼 세상을 배우며, 그리고 이 학습이 안정된 분위기에서 기꺼이 이루어지는 만큼 더욱더 만족스럽다. 게다가 놀이와 놀이 방식은 유아의 학습 능력을 나타내는 첫번째 징후들 중에 하나이다.

성공의 지표인 놀이

우리는 전문적인 경험을 토대로 어려움을 갖고 있는 유아는 많은 경우에 제한되고 반복적인 빈약한 놀이를 한다는 사실로 특징지어진다는 보고서를 작성하게 되었다. 이 유아는 대체로 아주 신체적이고 육체적인 놀이만을 할 수 있을 뿐이다. 만약 이 놀이들이 적당하고 바

프로이트와 보빈 놀이

"자신을 홀로 모유로 키워 주었을 뿐만 아니라 외부의 어떤 도움도 받지 않고 자신을 양육하고 돌보아 준 엄마에게 애착을 갖는데도 불구하고 그런 엄마가 자신을 여러 시간 방치하는 동안 전혀 울지 않는" 1세 6개월 된 유아를 보았을 때 프로이트는 놀이의 합목적성 중에 하나를 생각하게 되었다. 좀 떨어진 곳에서 본 이 유아는 "주위에 끈이 매어져 있는 나무로 만든 보빈을 가지고 있었다. 이를테면 아이는 자동차 놀이를 하기 위해 보빈을 땅에 끌고 다니느라고 엄마에게 전혀 오지 않았다; 그러나 아이는 끈을 잡아맨 보빈을 아주 솜씨 좋게 (방장이 달린) 자신의 작은 침대 가장자리 위로 던져 보빈이 (방장) 속으로 사라졌고, 아이는 많은 의미가 함축되어 있는 오-오-오-오라는 소리를 냈다; 그 다음에 아이는 끈을 잡아당겨 침대 밖으로 보빈을 나오게 하고는 기쁘게 '여기 있네' 하면서 보빈이 다시 나타난 것을 반겼다." 정신분석학에서는 "유아는 말하자면 자기가 손에 넣을 수 있는 물건을 가지고 같은 '사라짐-돌아옴' 을 자신이 만들어 내면서 스스로 보상받는다"는 의견을 제시한다. 그러나 프로이트는 더 분명하게 다음과 같이 말한다. "아이는 일어난 일 때문에 수동적이었다; 그러나 이제는 그 일이 언짢다 하더라도 그 일을 놀이로 되풀이하면서 아이는 능동적인 역할을 한다."*

* S. 프로이트, 〈쾌감 원칙을 넘어서 Au-delà du principe de plaisir〉, in 《정신분석학 입문 Essais de psychanalyse》, Éditions Payot.

람직하다면, 더 많은 주의와 집중 그리고 조직화를 요하는 더 짜임새 있고 욕구를 더 채워 주는 다른 놀이들을 희생시켜 그 놀이들이 유아기 내내 지속되는지 나타나게 된다. 왜 그런가? 왜냐하면 그 놀이들은 유아가 단지 집중적인 움직임 또는 격렬한 움직임이 있을 때에만 즐거움과 만족을 나타낼 수 있다는 것을 의미하기 때문이다. 유아에게는 마치 모든 것이 초기 발달 방식에 고정되어 있는 것처럼 일어나기 때문이다. 2,3세 된 유아가 뛰고 달리며 지칠 줄 모르고 육체적 활동을 반복하면서 즐거워하고 만족하는 것처럼, 단지 그런 놀이들을 통해서만 즐거움을 나타내는 6세, 7세, 또는 8세 된 유아에게도 그만큼 관심을 가져야 한다. 그 말은 그런 유아는 더 섬세하고 더 정신 기능에 관한 학습을 시작할 수 없다는 것을 의미한다. 그 아이는 육체의 수준에 머물러 있고 지적 수준으로 옮겨가지 않았다.

육체에서 정신으로: 지능 개발 놀이

정신 기능 과정을 거치는 모든 놀이를 지능 개발 놀이로 이해해야 한다. 확실히 모든 놀이는, 그것이 신체적이라 하더라도 정신 기능의 과정을 거친다. 우리가 여기서 말하는 지능 개발 놀이란 그것이 몇 초 간이라 할지라도 주의·집중·성찰을 요하는 놀이이다. 신체도 사용되지만 육체적이고 감각적인 놀이에서처럼 단지 즐거움과 만족의 도구는 아니다. 만약 육체적이고 감각적인 놀이에서 바로 쾌감을 느낀다면, 지능 개발 놀이에서는 나중에 즐거움을 맛보게 된다. 간단한 집짓기 놀이는(이것 또는 저것을 만드는) 계획을 포함하고 성찰(어떤 전략을 이용해야 하는가?)을 요하며, 그리고 집중이 필요한 정신 기능에 관한 놀이이다. 지능 개발 놀이에서는 도구가 아주 간단하더라도 가장 자주 사용되고 시작과 끝이 있다. 이러한 형태의 놀이에 다가가는 것은 확실히 후일 학교의 지적 과정에 중요한 전제 중에 하나이다.

육체적·감각적 놀이에서 더 머리를 쓰는 놀이로의 전이는 점차적으로 이루어진다. 유아는 하룻밤 사이에 놀이의 한 형태에서 다른 형태로 옮겨가지 않는다. 상징적인 놀이들이 조금씩 점점 더 중요해진다 하더라도 전자 그리고 후자는 종종 겹친다. 우리가 반복해서 말하고 있는 것은 단지 한 형태의 놀이를 고집하는 것은 경고되어야 한다는 사실이다. 그밖의 것에 관한 한 유아가 신체적인 활동과 상징적인 놀이를 혼합하는 것은 정상이다. 게다가 그 점은 지속된다. 경종을 울려야 하는지 깨닫기 위해서는 어떤 운동을 하는 청소년과 성인들의 수가 얼마나 되는지 잠시 주의하는 것으로 충분하다.

그건 그렇고, 유아는 혼자서 더 머리를 쓰는 놀이에 어렵게 다가간다. 유아는 그렇게 하기 위해서 다른 사람을 필요로 한다. 이 다른 사람은 형(오빠)·누나(언니)·친구가 될 수도 있지만 성인이 될 수도 있다. 여기서 공유된 즐거움의 개념이 다시 나온다. 유아는 단지 다른 사람과 교류하면서 더 머리를 쓰는 놀이로 다가간다. 이 말의 진실성을 깨닫기 위해서 단지 유아들이 때때로 부딪치는 모든 놀이 방식과 더불어 일어나는 일을 지켜보면 된다. 당신, 부모들은 이러한 방식들을 잘 안다. 예를 들자면 전자 오락, 또는 이러저러한 수집용 딱지들, 이러저러한 미국산 인형들이다. 이러한 놀이들을 인기 있게 만드는 것은 바로 '감염' 현상이다. 그건 바로 유아가 자신도 가지고 싶은 이러저러한 장난감을 가지고 즐거워하는 다른 유아들은 보기 때문이다. 유아는 단지 다른 아이들이 느끼는 쾌감을 자신도 느끼고 싶을 뿐이다. 게다가 텔레비전 광고는 이것을 잘 이해하고, 많이 웃고 즐거워하는 유아들과 함께 모든 장난감을 보여준다. 쾌감의 개념은 항상 그리고 여전히 존재한다.

단지 말이지만, 만약 유아가 이러저러한 인기 있는 장난감을 다른 사람들과 같이 사용하지 않는다면 그 장난감을 자녀에게 사주는 것은 아무 소용이 없다. 여기에서도 우리 이야기는 관찰을 통해 강화된다. 탁아소에 있는 유아들을 지켜보라. 대체로 유아에게 있어서 옆의 다른 유아의 장난감을 빼앗는 것보다 더 흥미진진한 일은 아무것도 없으며, 그리고 그건 옆의 유아가 장난감을 가지고 놀면서 아주 만족스러워하는 것처럼 보이면 보일수록 그만큼 완강하다. '차용자'의 과정은 옆의 친구를 귀찮게 하는 것이라기보다는 그 친구가 맛보고 있는 것 같은 즐거움을 빼앗는 것이다. 물론 '차용한 것'에 대해서도 결과는 같은 것이 사실이다.

머리를 쓰는 놀이에 대한 이해는 공유를 통해 이루어진다. 그러나 주의하라! 그건 유아가 안정되어 있을 때에만 이루어질 수 있다. 유아의 안정은 이러한 형태의 놀이를 이해하는 데 전제가 되는 조건이다. 필요한 정서적 안정감이 주어지지 않은 유아는 이러한 고능률의 새로운 방식을 시작하는 데 가장 큰 어려움을 갖게 될 것이다. 마찬가지로 후일 학교 공부를 시작하는 데에도 가장 큰 어려움을 갖게 될 것이다.

그 조건이 충족되면 유아는 새로운 활동을 시작할 수 있다. 우리가 지적한 대로 그런 새로운 활동은 계획을 세우는 것을 포함하기 때문에 처음에는 유아와 같이 그 활동을 하는 것이 중요하다. 나뭇조각을 가지고 간단한 집을 쌓는 것은 혼자 할 수 있지만, 처음에 모델을 제시하고 도와주어 쉽게 할 수 있도록 해주고 격려해 준다. 형제자매 또는 친구들이 이 역할을 할 수 있다. 반대의 경우에 성인은 이 과정에서 자신의 시간을 조금 할애할 것을 생각해야 할 것이다──그렇지만 유아를 대신해서 모든 것을 하지 말고, 유아가 모색하고 발견하도록 지켜보며.

여럿이서 하는 실내 놀이

지능 개발 놀이와 마찬가지로 신체적이고 감각적인 놀이도 혼자서 그리고 여럿이서 한다. 이 실내 놀이는 오로지 여럿이서 한다……. 이 놀이의 독창성은 규칙이 있다는 사실이다. 여럿이서 하는 실내 놀이가 다른 놀이들과 다른 것은 이러한 규칙이 있다는 것 때문이고, 이 놀이가 보완적이고 꼭 필요한 것도 바로 그 점에 있다. 실내 놀이는 성과를 내는 방식을 토대로 유아로 하여금 규칙의 원칙을 이해하고 동화하게 하는데, 이 **규칙**은 장차 유아 생활의 상당한 부분을 규제하게 될 것이다. 이 수단을 통해 유아는 규칙을 인정하면 다른 사람들과 함께 놀이를 하는 만족을 얻게 되고, 장차 사회 안에서 다른 사람들과 더불어 자신의 자리를 갖게 된다는 사실을 이해하고 내면화한다.

여럿이서 하는 놀이가 꼭 필요한 것임은 명백하다. 이러한 규칙들을 받아들인다는 사실 외에 이 놀이는 유아로 하여금 이길 수도 또 질 수도 있는 상황에 직면하게 한다. 이런 실패가 중요하지는 않지만, 바로 그 때문에 독특한 경험이 남아 있게 되는데…… 왜냐하면 그 실패가 다시 한번 불안을 극복하게 하기 때문이다. 이기고 지는 상황이 교대되면서 유아는 일생 동안 자신이 겪게 될 상황들을 초기에 위험 부담 없이 체험하기 때문에 후일 더 잘 직면할 수 있는 그런 상황들을 내면화한다.

그래서 당신 자녀의 나이에 알맞은 실내 놀이를 이용하는 것이 필요하다. 그러니까 자녀를 위해 성공의 상황과 실패의 상황을 교대하는 것이 필요하다. 좋은 의도에서 자녀가 늘 이기도록 하겠지만 그러면 자녀로 하여금 실패의 개념을 내면화하는 것을——그리고 극복하는 것을——돕지 못한다. 자녀가 늘 지도록 하는 것은 더 끔찍하다는 것을 강조할 필요가 꼭 있는가? 이러한 지속적인 실패의 상황은 유아로 하여금 불안을 극복하지 못하게 하고, 반대로 불안은 심화된다. 유아를 이와 같은 상황에 놓이게 하는 성인은 심각하게 자신의 문제에 관심을 가져야 할 것이다…….

두 가지 유형의 유아들은 여럿이서 하는 실내 놀이를 받아들이는 데 가장 큰 어려움이 있다는 것을 우리는 경험을 통해 알고 있다. 바로 매우 불안한 유아들이거나 또는 교육적 규칙들을 내면화하지 못한 유아들이다. 실패*에 지나치게 민감한 전자의 유아들은 이 실패에 직면할 수 있는 상황을 받아들이는 데 가장 큰 어려움이 있다. 후자의 유아들은 놀이의 규칙을 받아들이지 않을 뿐만 아니라 사회의 규칙도 받아들이지 않는다. 이 두 유형의 유아들을 위해, 이들 나이에 아주 적합하고 편안하며 차분한 분위기에서 하는 실내 놀이는 그들이 조금씩 자신들의 어려움을 극복하도록 돕는 최상의 수단이 될 수 있다. 전자의 유아들은 심각하게 생각하지 않도록 해야 하고, 후자의 유아들에게는 놀이의 규칙들을 왜 지켜야 하는지와 어떻게 지켜야 하는지를 설명하는 것이 중요하다.

규칙을 인정하는 것 외에 부모와 자녀들 간에 행해지는 실내 놀이는

---

* 불안한 유아에 대한 저자의 저서, 《엄마, 난 무서워요! *Maman, j'ai peur!*》 참조, 두보비 박사 공저.

대화를 트고 다시 트는 최상의 수단이 될 수 있다. 놀이는 그만의 고유한 규칙이 있기 때문에 공용어를 필요로 한다. 그렇게 해서 모든 사람들을 동등하게 한다. 성인도 유아도 더 이상 없고 단지 놀이를 하는 자들만이 있을 뿐이다. 그리고 같이 놀이를 하기 위해서, 이 놀이를 하는 사람들은 서로에게 귀를 기울여야 하고 서로 존중해야 한다. 성인들이 매번 결정권을 갖지 않는 것, 성인들이 이길 수도 있고 또한 질 수도 있다는 사실을 보는 것은 유아에게 좋은 일일 수 있고, 성인들에게는 자녀들을 잘 살펴볼 수 있는 훌륭한 수단일 수 있다. 모두에게 그저 훌륭하고 즐거운 휴식이 될 수 있고, 그리고 그래야 할 텐데……무엇보다도 그것이 바로 놀이의 목적이다.

서로 주고받고 규칙을 존중한다는 사실 이외에, 유아가 셈의 전제를 간파하는 것도 또한 놀이를 통해서라는 것을 부언할 수 있다. '경마 게임' '도미노 놀이' '쌍륙' 등과 같은 단순한 놀이들 또는 단순하고 전통적인 '시장 놀이'는 유아가 즐기면서 셈하는 것을 배우게 한다. 이 놀이들은 숫자에 사실성과 유용성을 부여하면서 유아로 하여금 숫자와 친숙해지게 한다. 숫자, 수는 더 이상 추상 개념들이 아니다. 즉 숫자, 수들은 확실해진다. 이렇게 놀이를 통해 숫자를 다루게 되면 유아를 수와 기분 좋은 방식으로 친숙해지게 하는 다른 활동들을 할 수 있다. 예를 들어 유아를 참가시켜 정기적으로 유아의 몸무게를 달고 키를 재는 활동일 수 있다. 또는 행복한 사건으로부터 가족 모두를 떼어 놓는 날들을 헤아려 보는 일일 수 있고, 식탁 위에 놓을 식기의 수를 아이가 스스로 선택하도록 내버려두는 등의 일일 수 있다. 활기차고 즐거운 방식으로 수가 다루어지는 모든 활동은 초등학교 1학년 초기에 완전히 추상적으로 나타날 수 있는 것과 유아가 익숙해지도록

교육적인 놀이에 대한 고찰

다른 놀이들보다 더 좋은 놀이가 있는가? 최근 20년 동안 새로운 놀이들, 즉 교육적인 놀이들이 생겨났다. 이 놀이들에 대해 어떻게 생각하는가?

일반적으로 이 놀이들은 잘 구상되었다. 색깔, 재료들은 유아들에게 매력적이다. 다양하게 추천되는 놀이들은 훌륭한 지적인 자극이다.

그렇지만 우리가 빠지지 말아야 할 함정이 있다. 즉 이 놀이들이 부모의 부재를 보상할 수 있다고 생각케 하는 함정이다. 당신이 자녀에게 최소한의 시간을 허락하지 않고 당신의 어린 자녀가 하는 것에 주의를 기울이지 않는다면, 이 놀이들을 되풀이하는 것은 아무 소용이 없다. 자녀의 방에 장난감을 가득 채우고 문을 다시 닫는 것보다 당신이 자녀와 함께 산책하고 간단하고 활기찬 놀이를 하는 것이 단연 바람직하다. 어떤 놀이든지 지적이고 또한 나무랄 데 없다 하더라도 인간적인 상대를 대신할 수 없다.

게다가 그건 교육적인 놀이에서 거의 불가능한 영역, 즉 창의성과 상상력의 영역이다. 어떤 부모들은 복잡한 장난감에 천문학적인 돈을 썼는데, 자녀들은 종이상자와 몇 개의 끈조각을 가지고 황홀해하는 것을 보고 아연실색한다. 이 부모들은 반대로 그것을 같이 즐겼어야 했다. 생각해 보라. 만약 유아가 자신이 만든 것에 대해 그처럼 즐거움을 느낀다면 그것은 자신의 작품이고 자신의 상상력의 산물이며 자신이 한 수고에 관계되는 것이기 때문이다. 목공일을 하는 모든 성인들은 자기의 손과 생각으로 완성된 일에 대해 갖는 이 기분 좋은 느낌을 알고 있다. 비록 그것이 항상 증명되지 않는다 하더라도. 요리법을 보고 성공적으로 만들어 낸 음식을 배우자가 칭찬할 때 뿌듯하지 않은 부인들이 어디 있겠는가? 더 나아가 자신이 창조해 낸 음식 앞에서.

성인들은 다 자란 유아들이다. 성인들은 유아들처럼 인간적인 존재들이며, 인간적인 존재는 무엇인가를 만들어 냈을 때 만족한다. 제삼자가 자신이 만들어 낸 것에 관심을 보일 때 한층 더 만족한다. 물론 유아는 이런 점에 있어서 한층 더 민감하다. 그래서 유아는 만들고 생각해 내고 상상하는 것을 좋아한다. 유아를 만들게 내버려두고 격려한다면 좋으련만. 그렇게 하면 만들고 체험하는 유아의 즐거움과 동기만큼 유아의 지성도 발달된다.

도울 것이다.

놀이의 목적

놀이는 지성의 선구자이다. 놀이를 하면서 유아는 자신의 이해력을 발달시킨다. 그리고 즐겁게 놀이를 하면 그만큼 더 발달된다.

— 유아는 놀이를 여러 번 반복하면서 후일 각기 다른 지적 과정에서 꼭 필요하게 될 신경세포 조직을 다양화한다.

— 유아는 놀이를 하면서 자신의 신체와 자신의 주변을 발견한다. 유아는 전자와 후자를 터득하는 것을 배우고, 이는 유아로 하여금 결정적으로 불안을 극복하게 한다. 유아가 자신이 수동적이지 않다는 것, 자신 또한 능동적일 수 있고 사물, 사람 그리고 사건에 대해 행동할 수 있다는 것을 아는 것은 매우 안정감을 주는 요소이다.

— 유아는 놀이를 하면서 어른이 되는 연습을 한다. 놀이만이 유아가 그 연습을 하도록 해준다.

— 더 머리를 쓰는 지능 개발 놀이를 하면서 유아는 후일 취학 전 습

득과 취학 후 습득에서 사용해야 할 모든 전략을 실행한다.

— 여럿이서 하는 실내 놀이를 하면서 유아는 규칙, 후일 **법**이라고 불리는 규칙의 개념을 이해하고 동화한다. 유아는 또한 무의식적으로 실패와 성공은 잇달아 오고 뒤바뀐다는 사실을 받아들이고, 이것은 유아가 더 침착하게 삶에 대처하게 해준다.

취학 전 학습을 여러 번 반복하는 것보다는 놀이 상황들을 반복하는 것이 더 바람직하다. 유아가 다양한 놀이를 하면 할수록 성공의 기회가 높아진다. 그러나 주의하라! 이것은 무한대로 장난감을 되풀이한다는 것을 의미하는 건 아니다. 우리는 유아가 아주 많은 경우에 놀이를 하기 위해 다른 사람을 필요로 한다고 자세히 설명했다. 수천 개의 장난감도 공을 받아 되던져 주고 쌍륙 놀이를 하고 숨바꼭질을 하고 달리기를 하고 모래성을 쌓는 것을 도와줄 부모를 대신하지는 못할 것이다.

유아에게 첫번째 놀이 상대자가 자신의 몸이라면 두번째 놀이 상대자는, 물론 장난감 이전에 다른 사람이다. 아기는 엄마와 함께 놀면서 가장 강한 만족을 나타낸다. 그 어느것도 자기를 팔로 안아 주거나 무릎 위에서 뛰어오르게 해주는 아빠보다 아기를 더 행복하게 해주지는 않는다. 누구나 관찰할 수 있는 이 모든 행위는 다른 사람이 중요한 상대자로 있고 지속된다는 것을 잘 보여준다. 먼저 놀이의 상대자로, 그리고 다음에는 삶의 상대자로.

VIII

유치원: 들어가기 전과
다니는 동안…… 그 이후

자녀가 밝고 쾌활하게 자랄 수 있게 신경을 쓰면서 자녀가 성공할 수 있도록 준비시키는 일은 간단하면서 동시에 매우 복잡하다. 왜냐하면 그것은 단지 자녀에게만 달린 일이 아니기 때문이다. 그것은 특히, 그리고 무엇보다도 유아를 둘러싼 성인들이 유아에게 제시하게 될 삶의 조건들에 달려 있다. 이 성인들은 바로 당신 부모들이지만 또한 경우에 따라서는 유모·탁아소의 보모들, 그리고 2세 이후에는 간혹 유치원 교사들일 수도 있다. 부모들이 유아에게 중요한 참고대상들이라면, 우리가 방금 인용한 사람들 또한 유아의 옆에서 놀아 주는 중요한 역할을 담당하게 될 것이다.

일을 할 것인가? 일을 다시 할 것인가?

오늘날 모든 어머니가 피할 수 없는 사실에 부딪쳐 자문했고, 자문하고 있고 또 자문하게 될 질문이 하나 있다. 그것은 '나는 일을 해야 하는가' 아니면 '하지 말아야 하는가' 이다. 나는 내 책임을 다른 사람들에게 떠맡길 수 있는가?

이 질문에 대한 대답은 간단하다. **그렇다**, 수천 번이라도 그렇다. 그러나 몇 가지 조건이 있다. 이 몇 가지 조건들 중에 첫번째 조건은 당신이 다시 하고자 하는 활동의 질과 관계가 있다. 그 활동이 당신을 활기차게 해주는가? 그 활동이 당신을 풍요롭게 해주는가? 만약 그렇다면 결정하는 데 주저하지 마라. 당신은 그렇게 할 수 있을 뿐만 아니라 다시 그 일을 해야 한다. 우리가 이미 언급한 단순하고 유익한 이유, 즉 밝고 쾌활한 엄마는 쾌활한 아이를 갖는다는 이유 때문에 그 일을 해야 한다. 만약 죄책감으로 인해 당신이 자녀를 위해 희생하기로 결정한다면, 그것은 불필요한 희생이 될 것이다. 그리고 마음이 불편한 엄마는 자녀를 행복하게 하지 못한다. 만약 반대로 당신이 하려고 하거나 또는 다시 하려고 고려하는 일이 당신을 만족시키지 못한다면, 그래도 만약 그것을 하려고 한다면, 자녀 곁에 남는 것이 더 바람직하다. 고려하고 있는 활동 때문에 생기는 스트레스와 불편함이 당신이 집에서 할 일, 그 위에 추가될 것이다……. 마지못해 하는 일은 아무도 쾌활하게 하지 못한다. 그 일을 하는 사람도, 다른 사람들도…….

이 첫번째 조건은 조절해야 한다. 당신은 그 일에 반했기 때문에 그 일을 (다시) 하기로 결정하였는가? 아주 잘했다. 그렇지만 그 일에 당신의 모든 시간과 모든 에너지를 다 바치지 않도록 주의하라. 자녀 곁에서 육체적·정신적으로 함께할 최소한의 시간이 보장되어야 한다. 자녀 인격의 기초이자 자녀의 쾌활함, 미래의 성공에 꼭 필요한 이 기본 요소를 잊지 마라. 자녀는 감정적인 안정이 필요하다. 물론 이 안정은 아빠에 의해서 주어질 수 있지만 엄마가 이 역할에서 전적으로 벗어날 수 있다고 생각하는 것은 헛된 일일 것이다. 이 엄마의 존재는 질적·양적으로도 측정되지 않고 언제나 말과 참된 본보기로 확신된다. 당신의 일은 많은 시간을 할애해야 하는 일인가? 당신의 일과는 매우 규칙적인가…? 당신은 늦게 귀가하는가? 자녀가 비록 아기라 하더라도 늦은 귀가에 대해 시간을 들여 말하라. 돌토의 신어로 다시 말하자면, 아기는 당신이 말하는 것을 '**직감할 것이다.**' 또한 내일이나 모레, 어느 때에 당신이 함께 있을 것이고, 그 순간을 함께할 것이라는 것도 아기에게 말하라. 당신이 아기를 맡기는 사람에게도 말하라. 이러한 언약, 이러한 단어들은 상징적인 방식으로 안정감을 주는 배경을 이룬다. 만약 당신이 아침마다 후회와 죄책감에 가득 차 도망치듯 나간다면 손실은 더 커질 것이다. 그리고 느닷없이 버림받은 아기는 무엇을 느낄 것인가?

약속은 행동이 따라야 한다는 것을 또한 잊지 마라. 만약 당신이 진실한 행동으로 자녀에게 약속을 지키지 않는다면…… 사랑한다고 여러 번 반복해 말하지 마라.

우리가 말했듯이 아빠는 유아 곁에 머물러 있는 주의 깊고 너그러운 성인이 충분히 될 수 있다. 중요한 것은——이 점을 강조하자——유아의 곁에 남아 있는 이 성인이 행복하고 너그러운 성인이어야 한다는 것이다. 이 이중의 자질은 아빠로 하여금 아빠가 책임을 지는 그 아이와 행복을 나누게 한다.

우리는 이 슬프고 마음이 편치 않은 엄마들(또는 아빠들)이 단지 그 불편함·고독·슬픔을 나누기 위해 자신들 곁에 자녀들을 데리고 있을 뿐이라는 사실을 때때로 일상적인 일을 통해 알게 된다. 몇몇 유아들은 그런 부모 곁에서 활발해질 수도 있겠지만 이 아이들이 장차 학교에서 비교·대조될 때 완전히 무력하게 된다. 마리아의 경우가 그렇다.

마리아, 취학 전 과정의 중요성

마리아는 5세이고, 다섯 자녀가 있는 가정의 막내이다. 마리아의 이야기는 문화적 · 교육적 차원에서 결핍된 환경에서 취학 전 과정의 부재가 유발할 수 있는 것을 극단적으로 우리에게 보여준다.

마리아는 유치원에 등록되어 있지만, 어느 날 여기저기, 아주 드물게 유치원에 간다. 우리는 이런 날들 중에 어느 하루 마리아를 만날 기회가 있었다. 우리는 유아들과 함께 늘 하는 것처럼 마리아와 상담을 했다.

마리아의 모습은 여자 풀보(몽마르트의 가난뱅이 아이)의 모습이다. 마리아는 호감 가는 웃는 얼굴을 하고 있다. 검은색 굵은 머리 타래 때문에 맑은 시선이 가려져 있다.

마리아는 발음에 사소한 결점이 있었지만 충분히 원활하게 말을 한다. 마리아는 말은 하지만 놀이의 규칙을 인정하지 않는다. 그래서 마리아는 내내 자기가 하고 싶은 것만 할 것이다. 다른 사람이 요구하는 것은 자신의 문제가 아니다. 마리아는 거의 대부분 자신의 즉각적인 만족에만 충실하다. "이러한 점은 교실에서 한 가지 학습에 매달리지 못하는 것으로 나타난다"라고 교사는 우리에게 말한다. 마리아는 어떤 것에도 집중하지 못하고 한 작업에서 다른 작업으로 옮겨다닌다.

마리아는 가족 수가 많은 가정의 막내이기 때문에 혼자 사는 엄마와 남아 있다. 마리아의 부모는 (얼마 전에) 이혼했다. 마리아의 어머니는 자기 자신이 가진 게 없기 때문에 자녀에게 거의 주의를 기울이지 않는다. 교육적인 차원에서 또한 정서적 · 문화적인 차원에서도.

사실 집에서 마리아는 홀로 남는다. 마리아가 하는 놀이는? 인형 하나와 자전거 한 대가 가장 확실히 마리아의 시간을 메워 주고 있다. 여기에서 반복되는 변함없는 놀이를 다시 발견한다.

마리아는 몇몇 오빠들의 이름도, 그리고 자신의 성조차도 모른다. 이러한 징후로부터 마리아가 어느 정도로 가족 관계 교류에서 제외되는지 가늠할 수 있으며, 어느 정도로 이 가족의 계획을 모르고 있는지 헤아려 볼 수 있다. 오직 실용적이고 기능적인 언어 분위기에서 그날그날 생활한다. 마리아의 생활은 "저거 해라" 또는 "이거 하지 마라" "저거 하지 마라"로 제한된다.

그렇다고 해서 마리아는 정말로 불행하지는 않다. 어쨌든 애정이 있기 때문에 불행하지는 않다. 어머니 쪽의 애정이 있을 뿐만 아니라 오빠와 언니들의 애정도 받고 있다. 그들 가운데에서 유기되지는 않았다. 그들 가운데에서 어느 정도 안정되어 있다. 이 안정은 우리가 이후로 유아의 행복에 무엇보다 중요하다고 알고 있는 그 안정이다. 이러한 의미에서 마리아는 불행하지 않다. 그건 생기 넘치는 마리아의 눈빛, 미소, 움직이고자 하는 욕구를 봐서도 알 수 있다. 마리아는 자신의 상황 안에서는 불행하지 않다. 마리아는 불행하지는 않지만 우리의 사회문화의 요구, 그 사회문화를 대표하는 학교의 요구에 대처하기에는 완전히 무력하다.

따라서 마리아는 교육적 지표의 부재로 인해 구속을 받아들이지 못하는 아이가 되었다. 마리아는 어떤 계획에도 포함되지 않았었기 때문에 즉각적인 쾌감만을 알고 있는 마리아에게는 연기된 쾌감의 '개념'이 없다. 마리아 개성의 이 두 면은 마리아로 하여금 노력을 요하는 모든 것, 연습을 요하는 모든 것을 거부하게 만든다.

만약 교실에서 마리아가 하나의 사물에서 다른 사물로 옮겨간다면,

그것은 단지 그 사물들을 처음 발견했을 때의 흥미가 없어졌기 때문이다. 새로운 것은 흥미를 끌지만, 그 단계를 지나면 아이는 그 단계에 도달한 것만큼이나 빠르게 그곳으로부터 벗어난다.

마리아는 이렇게 영아기 내내 엄마 곁에 머물러 있었다. 마리아는 아주 제한된 지표의 가정이라는 작은 사회 안에서 성장했다. 그 사회 안에서 마리아는 편안하고 활발하다. 마리아의 지표들은 빈약하고 제한되며, 그리고 우리 사회, 우리 문화의 지표들과 아주 드물게 일치하기 때문에, 마리아는 가정의 범위 밖에서는 완전히 무력하다. 마리아는 태도의 차원에서 뿐만 아니라 지식의 차원에서도 학교의 요구에 부응할 수 없다.

그러니까 직장에 다닌다거나 또는 다시 직장에 다닌다는 것은 만약 그러한 상황이 미래에 일하러 다닐 사람에게 활기, 즐거움을 가져다 준다면 특별한 문제를 제기하지 않는다. 모든 경우에 있어서 유아에게 하는 진실한 말은 유아가 부모의 부재를 받아들이는 데 도움이 될 것이다.

유모 또는 탁아소?

이 질문에 대한 명확한 답은 없다. 물론 그 이유는 이런 또는 저런 답에 달려 있기 때문이고……. 그리고 또한 유아에게 달려 있기 때문이다.

전반적으로 탁아소가 더 바람직하다. 그렇다면 탁아소는 경쟁력이 있어야 하고 탁아소의 책임자는 신뢰할 만한 사람이어야 한다. 물론 일반적으로 정보를 얻는 좋은 방법들은 요건을 살펴보고 이야기들을 듣고 사전에 방문하는 것이다. 경쟁력 있는 탁아소는 적합한 장소에서 유아를 주시하고 존중하며 부모들과의 관계가 만족스러운 곳이다. 탁아소는 또한 유아들이 놀이를 하고 즐기며, 가정 밖 사회 생활의 기초를 습득할 수 있는 곳이다. 이러한 조건들이 갖춰질 때, 탁아소는 유아를 돌보는 훌륭한 방식으로 그 진가를 발휘한다.

이 방식은 유모보다 더 바람직한가? 그렇다. 유아가 자기 나이 또래의 유아들을 그곳에서 다시 찾을 수 있다는 사실 때문에 더 바람직하다. 비슷한 사람들끼리 하는 교류는 그만큼 활력을 준다. 탁아소는 지도와 경쟁력의 분야에서 더 많이 보장되기 때문에 그렇다. 그렇지만 유아가 인간적인 존재이기보다는 하나의 숫자인 공장-탁아소에 주의하라. 유아가 집에서 아주 확실한 지표가 없을 때, 유아가 완벽하게 안정되지도 않고 완벽하게 개별화되지도 않았을 때 그런 측면은 그만큼 더 감지될 수 있다. 우리가 내내 강조해 온 이 마지막 요점을 기억하자. 감정적인 안정을 넘어서 유아는 이 개별화를 필요로 한다는 것을. 유아가 자신의 존재를 유일한 한 개인으로 뚜렷이 나타낼 수 있도록 유아를 유일한 한 개인으로 대할 필요가 있다. 만약 이 신분이 유아에게 주어지지 않으면, 유아는 다른 아이들과 비교해서 완벽하게 자리잡지 못하고 자신의 존재를 나타내지 못하게 되는 일종의 혼돈 속에서 성장할 우려가 있다. 이러한 개별화의 부재는 자신을 거의 믿지 않는 의존적인 인간, 자신을 앞으로 나아가도록 도와주는 어떤 사람이 항상 필요한 의존적인 인간이 되게 할 수 있다. 그건 바로 나중에 학교 차원에서 "가정교사가 필요할 텐데……"라고 말하게 되는 그런 유아이다. 그리고 그렇게 되는 이유를 들자면, 종종 불안정하고 자신을 드러내지 못하고 다른 아이들과 자신을 구별하지 못하므로 이 유아가 발전하려면 반드시 다른 사람을 필요로 하기 때문이다.

이 유아들에게 탁아소는 기능에 따라, 크기에 따라 그런 한계가 있을 수 있다. 따라서 다양한 활동으로 아주 바쁘고 자녀들에게 시간을 거의 할애하지 못하는 부모들은 탁아소를 선택할 때 아주 주의를 기울일 필요가 있다. 탁아소에서 유아가 필요한 안정을 찾을 수 있을 것인가? 유아가 유일한 한 개인으로서 자신을 드러내게 해주는 한두 명의 신뢰하는 성인들과 이원적인 관계를 충분히 가질 것인가?

물론 유모는 이 개별화에 더 많이 관여할 수 있다. 유모는 돌볼 유아가 한 명이거나 또는 극히 적기 때문에, 유아에게 단 하나의 신분을 주기 위해서 더 교류하고 더 말을 할 수 있다. 이 개별화는 기본적으로 대화에 의해서, 그리고 유아를 유일한 개인으로 대함으로써 가장 잘 이루어진다. 유모는 자신의 주변 환경에 따라, 돌볼 유아들의 수에 따라 이 과정을 더 많이 할 수 있다. 유아의 유모에 대한 관계는 확실히 한층 더 특혜를 누린다. 그것이 바로 유아를 돌보는 이 방법의 장점이자 단점이다. 반면 유모가 능력이 뛰어나고 친절하고 따뜻하면 장점이 된다. 만약 유모가 자신의 역할을 열의 없이, 흥미 없이 냉정하게 수행한다면 단점이 된다. 왜냐하면 유아에게 있어서 유모는 신뢰하는 유일한 성인이고 아이가 교류할 수 있는 동료가 거의 없거나 아주 없기 때문에, 유모는 가장 좋은 상황이거나 가장 나쁜 상황이 될수 있다. 유아는 상처받기 쉬운 만큼 경험은 더더욱 부정적일 것이다.

따라서 유아를 맡아 주는 방식의 선택은 '돌보아지는 자' 만큼이나 '돌보는 자' 에 의존한다. 만약 유아가 불안정하고 유모가 아주 유능하다면 이 해결책을 시도하는 게 더 나을 것이다. 반대의 경우에 탁아소가 거의 해가 되지 않을 것이다. 만약 유아가 벌써 자기 자신에 대해 잘 표명한다면, 만약 유아가 안정되었다면 탁아소가 더 바람직하다. 이 경우에 유모는——만약 유모가 유능하더라도——또래 친구들의 존재, 그리고 탁아소에서 제공하는 많은 자극들보다 언제나 더 적은 응답을 아이에게 할 것이다.

두 가지 경우에서 살펴보아야 할 기본 규칙이 있다. 유아를 맡아 주는 방식으로 어떤 것을 시도하든지간에 그 방식은 준비된다. 이 문제에 대해 154쪽 글상자에서 더 언급할 것이다.

루이, 괴로운 개학

루이에게 있어서 학교는 분명히 즐거운 곳이 아니다. 2-4세 반에 들어간 이후로 루이는 늘 운다는 것은 사실이다. 루이는 2세 6개월 됐다. 신체적으로 루이는 특별히 작지는 않다. 루이는 더 명확하게 말해 도리어 친구들에 비해서 큰 편에 속한다.

그러나 루이는 개학할 즈음에만 우는 것이 아니다. 하루 종일 눈물을 펑펑 쏟으며 운다. 그래도 담임 교사와 동료 교사들은 루이의 슬픔을 진정시키기 위해서 정교한 재능을 발휘한다. 싸우다 지쳐서 교사들은 마침내 우리에게 그 싸움에 대해 말하게 되었다.

우리는 부모에게 루이를 데리고 상담하러 오시도록 청했다. 그들은 왔다. 루이의 아버지는 의사이고 어머니는 산파이다. 루이에게는 어린 남동생이 있다. 그들은 얼마 전에 이사했고 화목한 가정이라고 말했다. 화목하지만 외부 세계와 약간 단절된 가정이다. 이웃들, 친구들과의 관계는 아주 제한되어 있다. 그들은 아주 잘 어울리고 그렇게 아주 잘 살아간다.

게다가 엄마는 자녀들을 돌보기 위해 일을 그만두었다. 아침마다 루이를 집 앞의 길 건너에 있는 유치원에 데려다 주는 것은 엄마다. 엄마 또한 매번 자신의 아이가 불행한 것을 보고 실망한다.

이러한 모든 것은 루이가 신경을 쓰는 상담중에 알게 되었다. 상담이 끝난 후에, 우리는 단지 아빠에게 아이를 유치원에 데려다 줄 것과 아이에게 작은 개인 물건을 줄 것을 요청했다. 그리고 성공적으로 진행되었다. 어느덧 루이는 더 이상 학교에서 울지 않았고 즐거움을 나타내기 시작했다.

무슨 일이 일어난 것인가?

— 2년 6개월 동안 자신의 아들과 함께 있는 것이 익숙해진 엄마가 아이와 떨어지는 것에 대해 가장 큰 두려움이 있었다고 생각할 수 있다. 무의식적으로 엄마는 그 두려움을 아이에게 전해 주었다. 아빠는 같은 걱정을 하지 않기 때문에 아이는 아주 침착하게 학교에 갈 수 있었다.

— 또한 상담하기 위해 루이의 가족 모두가 유치원에 온다는 사실이 아이에게는 유치원을 심각하게 여기지 않게 했다고 생각할 수 있다. 나누었던 말들이 안심되는 것이었고 친절했다. 루이는 그 말들을 들었고 …… 그리고 그 말들을 받아들였다.

루이가 잃어버린 안정을 되찾을 수 있었던 것은 틀림없이 그러한 모든 요소들, 루이를 안심시켜 주는 과도기적인 조그만 개인 물건을 덧붙인 그러한 모든 요소들 때문이다.

2세에 유치원 보내기?

만약 당신의 자녀가 충분히 안정되었다면, 그리고 개별화 도중에 있다면 아이는 2세에 유치원에 갈 수 있다. 그것이 그 아이에게 매우 바람직하기까지 하다. 물론 수용 방법이 만족스럽다는 조건하에 그렇다. 우리는 여기서 정원수와 교사들만큼이나 장소에 대해서도 이야기하고자 한다. 모든 점에 대해——신중하지만 세심한——조사가 필요한 것으로 드러났다. 우리는 앞서 출간한 저서에서 불안정한 환경의 유아들에게 있어서 이러한 때 이른 유치원 입학의 문제점을 다루었다.* 이 아이들에게는 다양하고 정원수가 제한되어 있는, 때이른 유치원이 앞으로의 학교 생활을 위해 구원자가 될 수 있다. 때이른 유치원 조기 입학은 이러한 분명한 조건에서, 집에서는 가질 기회가 없는 교육적·문화적 결핍을 상당 부분 보상할 수 있다.

유치원 조기 입학은 더 전통적인 환경의 유아에게 특별한 문제를 일으키지 않는다. 여기에서 어떤 것이든 학교 교육의 촉성 재배를 옹호하는 것에 관한 문제가 아니다. 우리들의 이중 목표를 잊지 말자. 그건 학교에서 성공하는 것이 분명하지만 쾌활하게 잘해 내는 것이다. 행복이 학교에서의 성공에 영향을 주는 중요한 요소라는 것을 우리가 이미 정의한 관점에서 늘 생각하는 데 우리의 의도가 있다. 그리고 우리의 실무 경험이 쌓이면 쌓일수록 우리는 이러한 주장을 더 확신하

---

* 《기름이 물에 뜨는 건 헤엄치는 법을 배우기 위해서야 *Si l'hulie flotte sur l'eau, c'est… pour apprendre à nager*》, éditions Critérion, 1994.

게 된다.

만약 유치원이 안정된 유아에게 특별한 문제를 일으키지 않는다면, 그건 바로 유치원이 그 유아에게 공부하는 곳이 아니라는 것이다. 게다가 국민 교육에 있어서도 유치원은 공부하는 곳이 아니다(교과서에는 이 용어가 결코 나오지 않는다).* 국민 교육에 있어서 유치원은 유아가 친구들을 만나는 곳, 놀이를 하는 곳, 유아의 타고난 호기심을 함양하는 활동들을 하는 곳이다. 유치원은 사회화의 또 다른 단계이기도 하다. 우리는 유아의 사회화는 출생부터, 가족과 접촉하면서부터 시작된다고 말했다. 바로 유아의 가족이 유아에게 사회에서의 첫번째 생활 규칙을 부여한다. 탁아소와 유치원은 모두 다 이 사회화에 필요한 그리고 없어서는 안 될 보완물들이다. 그렇지만 이러한 측면은 충분히——이쪽저쪽에서——거론되었기 때문에 우리는 다시 거론하지 않겠다.

그렇지만 부모들은 유치원이 엄청나게 변화되었다는 것을 알아야 한다. 유치원은 더 이상 몇십 년 전처럼 그저 유아들을 맡기는 곳이 아니다. 그리고 그건 경제적이고 동시에 사회문화적인 이유 때문이다. 간결하게 말하자면, 가족의 분열 그 위에 늘어나는 여성의 일로 인해 사회를 향한 유아의 가정 교육을 책임지는 일에 점진적인 변화가 생겼다. 사람들은——우리가 방금 묘사한 책임지는 일을 통해——유아 교육을 교대해 줄 것을 점점 더 사회에 요구한다. 유치원은 이러한 움직임을 따랐고, 유아들에게 놀이를 통한 지적인 활동들을 최대한 폭넓게 제공한다. 오늘날 유치원 없이 지내는 것은 유아에게 상당한 위

---

* 《초등학교의 커리큘럼 *Programmes de l'école primaire*》, CDNP, 1995 참고.

험을 무릅쓰게 하는 것이고, 그것은 유아 발달의 모든 면에 있어서 위
험을 무릅쓰는 일이다.

부모-교사: (상호 보완의) 이중주?

만약 유치원이 점점 더 중요한 교육적인 역할을 한다면, 감정적·
교육적 차원에서 여전히 부차적이라는 사실을 잊지 않는 것이 중요하
다. 유치원에서 모든 역할을 하도록 요구하지 않아야 한다. 유치원은
그 경쟁력의 수준이 어떻든간에 그렇게 할 수 없을 테니까. 그렇기 때
문에 부모들이 자신들의 자녀들을 더 '단호하게' 대하도록 교사들에
게 요구하는 것을 보는 건 드문 일이 아니다. 종종 이러한 부모들은 자
신들이 할 수 없는 단호함을 요구한다.

교육적이고 감정적인 관계에서 유치원의 역할은·가정의 역할을 보
충한다. **보완**하는 역할이다. 그건 바로 당신이 가질 수 없는 태도, 행
동을 보이도록 유치원에 요구하는 것은 소용없음을 의미한다. 이와는
반대로, 당신은 될 수 있는 한 유치원과 상호 보완해서 움직여야 한다
는 것을 의미한다. 이러한 상보성은 교사와의 면담으로 나타날 것이
다. 이러한 만남들은 당신으로 하여금 부모의 역할을 해야 할 대상을
알게 할 뿐만 아니라 특히 부모의 역할을 조정하게 할 것이다. 집에서
'얌전'하고 학교에서 '끔찍한'(또는 그 반대인) 유아는 당신의 경각심
을 불러일으켜야 한다. '얌전한' 또는 '끔찍한' 이런 유아는 당신이
파악할 수 없는 그 무엇인가를 다른 곳에서 표현한다.

교사들과의 이런 면담은 당신의 자녀를 위해 중요하다. 유치원에

가면서, 자녀의 교사와 이야기하면서 당신은 자녀에게 유치원에서 일어나는 일이 중요하다는 것을 알려 줄 수 있다. 당신이 유치원에서 일어나는 일에 관심이 있다는 것도. 당신의 자녀는 물론 그 용어로 그것을 분석하지는 않겠지만, 당신은 당신의 본보기로 자녀에게 유치원이 당신에게 있어서 매우 중요하다는 것을 알려 줄 수 있을 것이다. 만약 유치원이 당신에게 매우 중요하다면, 그리고 만약 당신의 방식이 호의와 관심을 가진 것이라면 유치원이 당신의 자녀에게도 또한 그럴 것이다. 당신은 그렇게 해서 당신의 자녀에게 학교 일에 있어서 다른 어떤 말로 하는 것보다 더 잘 동기를 부여할 수 있다.

　이러한 만남(평균적으로 두세 달에 한 번의 면담이 적절하다)을 통해 교사에 협력하는 것이 교사에게 교사가 취해야 할 행동을 미리 가르쳐 주는 것은 아니다. 교사들은——당연히——그것을 몹시 싫어한다. 교사들은 꼭 필요한 교육자들이고 당신들은 없어서는 안 될 부모들이다. 각자의 역할이 있다. 교육자 노릇을 하지 마라. 당신은 그것을 위해 여기 있는 것이 아니다. 교사는, 그 편에서 당신의 역할을 하지 않는다. 협력하는 것, 그것은 당신의 자녀와 대화하는 시간을 갖는 것이고 자녀의 장점들처럼 자녀의 단점들에 대해, 그 해결점을 모색하면서 이야기하는 것이다. 각자의 능력에는 차이가 있다. 당신의 자녀는 학교에서 자신을 믿지 않는가? 친절한 교사는 당신의 자녀로 하여금 자신의 존재를 조금씩 나타내게 되는 상황들을 슬그머니 대면하게 할 것이다. 당신은, 당신 쪽에서, 아마도 아이에게 조금 더 책임을 지게 할 것이고, 조금 더 자유를 줄 것이다. 교사는 교실에서 그 일을 할 수 없으며, 당신은 학교의 테두리 안에서 아이에게 해줄 수 있는 것을 할 수 없다. 그렇지만 당신의 태도는 보완적이고 중요하며, 아주 분명하게 같은 방향으로 향한다.

가능한 한 하루 내내 당신의 자녀를 맡고 있는 사람과 협조적으로 대화를 갖도록 하자. 특히 교육적인 말에 있어서 아이가 주변에서 일관성 있는 말을 듣는 것이 중요하다. 다른 친구를 존중하지 않는다고 해서 교사가 당신의 자녀에게 꾸짖지는 않는가? 자녀 앞에서 선생님이 왜 그랬는지 아이에게 이유를 말해 주라. 당신은 제재나 꾸중의 정당성에 의문을 갖는가? 공격적인 수단을 피하고, 그것에 대해 솔직하게 말하러 가라. 거기에 오해가 있을 수 있다. 당신의 어린 딸이나 아들에게는 당신이 말하는 것이 중요하지만 아이들의 교사가 아이들에게 말하는 것도 또한 중요하다. 만약 당신의 태도나 평범한 말이 일관성 있다면, 그건 자녀를 매우 안정시키는 것이다. 그 반대는 혼란스럽고 균형을 잃게 하며 불안정한 것이다. 누가 옳으니? 누가 진실을 말하지? 무엇이 옳지? 해도 될까요, 아니면 하지 말아야 할까요? 왜 여기고 왜 저기가 아니지? 이런 질문들은——무의식적으로——자녀에게 던지는 것들인데 이 질문들은 자녀가 차분하게 앞으로 나아가는 데 필요한 기준들은 아닐 것이다.

따라서 유아를 맡기는 첫번째 사회적 책임(유모 또는 탁아소)에 대한 숙고가 요구된다. 유치원으로의 이행이 유아에게는 문제가 되지 않는다. 만약 유아가 가정에서 잘한다면 유치원에서도 잘한다는 것이 경험으로 증명된다. 공교롭게 그 반대도 또한 사실이다.

그러나 유모, 탁아소 또는 유치원에 유아를 맡기는 일은 차분하게 이루어져야 한다. 새로운 사람들을 만나고 새로운 장소에 가는 일은——유아의 정신력이 어떻든간에——항상 유아를 불안하게 한다. 그건 당연하다. 그것은 바로 자신과 다른 사람들을 의식하고 있다는 증

관례적인 주의 사항

유모, 탁아소 또는 유치원에 유아를 맡길 때 몇 가지 주의할 점이 있다. 특히 유아와 함께 미리 장소를 살펴보고 사람들과 만날 필요가 있다. 당신이 유치원에 머물면서 아이를 그곳에 맡겨라. 아이를 집에서 다른 곳으로 이동시키는 당신은 안정감을 주는 끈이 될 것이다. 당신이 아이를 돌보는 사람들과 만나면 아이는 그 사람들에 대해 전혀 두려워할 것이 없다는 것을 보고, 느낄 것이다. 반대로 전혀 두려워하지 않을 것이다. 당신이 유모, 탁아소의 보모 또는 유치원 교사에게 다가가는 방식은 후일 아이에게는 최초의 징조가 될 것이다. 만약 그것이 공격적이거나 불안한 방법으로 이루어진다면 당신의 어린 딸이나 아들은 자신을 돌봐 주는 사람들과 두려움 없이는 지낼 수 없을 것이다. 만약 그것이 미소와 신뢰 속에서 이루어진다면 아이는 그와 똑같은 정서 상태에서 지낼 것이다.

가끔 아이에게 작은 장난감이나 아이가 늘 잠을 잘 때 갖고 자는 물건을 주는 것이 유익할 수도 있는데, 아이는 그 물건을 **통해** 친숙한 곳에서 새로운 곳으로 이동할 수 있다.

아이를 떼어 놓을 때는 스트레스 없이, 서두르지 않을 뿐만 아니라 불필요하게 지연되지 않고 헤어지는 것이 가장 바람직하다. 너무 갑작스런 분리는 버려지는 것으로 여겨질 수 있다. 너무 시간을 끌면 유아를 불안하게 할 수 있다. 장소가 너무 안심이 안 되서 아이를 그곳에 맡기기 전에 그렇게 시간이 많이 걸리는가?

아이를 찾으러 올 때를 나타내는 몇 마디 말은 유아를 안심시키는 데 도움이 된다. 마찬가지로 아이가 머물러 있게 될 장소를 말해 주는 말들, 특히 아이를 돌봐 주게 될 사람들을 알려 주는 말들도 또한 도움이 된다.

끝으로, 그후에 아이를 돌봐 주는 그 사람들과 성실한 만남을 갖는 것보다 더 바람직한 것은 없다. 그러한 접촉은 다시 안심시켜 주는

거이다. 불안은 일시적이고 과도기적인 반면에 긍정적인 개별화의 표
시이다.

IX

성공할 준비가 되었는가?

5세가 되면 유치원의 마지막 학년이 된다. 또한 유아가 성공적으로 취학할 준비가 되었는지 알고자 하는 문제에 이른다.

우리는 서론에서 유아가 취학에 성공할 것인가 아닌가를 아주 일찍 알 수 있다고 강조했다. 아주 일찍이라는 것은 5세를 의미한다. 우리는 그 이유를 앞의 전 장을 통해 충분히 환기시켰지만, 만약 총체적인 이유를 대야 한다면 다음과 같은 것들이 될 터이다. 학교 공부를 하기 전에 유아는 일련의 정서적·교육적·문화적인 성향을 동화하는 것이 필요하다. 안정되고 자율적이고 개별화된 유아, 게다가 신경도식이 증가되고 일정한 어휘와 구문에 대한 지식을 습득한 유아는 초등학교 1학년에서 잘해 낼 수 있을 뿐만 아니라 초등학교 전학년을 통해 성공할 수 있을 것이다. 더 나아가 인격의 차원에서도 쾌활한 유아가 될 것이다.

조화: 어려운 길

유아의 발달이 항상 오르막길로만 이루어지는 것은 아니다. 이 여정에는 안정기, 진보하는 시기가 있지만 후퇴, 퇴보하는 때도 있다. 퇴보는 개인이 어느 정도 안정된 이전의 상태를 다시 회복하기 위해 더 나은 (또는 경우에 따라 더 나쁜) 걸 찾아낸 것이다. 퇴보는 일시적이지만 극히 정상적인 현상이다. 예를 들어 이사한 후에 잠자리에 오줌을 다시 싸는 유아는 퇴보한 것이다. 그러나 그 퇴보는 정상적이고 어떤 방식으로는 유아에게 유익한 것이다. 다시 말하자면 유아는 편안하게 느꼈던 이전의 상태를 무의식적으로 다시 찾는다. 그러나 반복되는 퇴보, 일정한 시간 안에서 지속되는 퇴보는 비정상적이다. 그러므로 그런 퇴보는 더 뿌리 깊은 불안의 징후이다.

따라서 조화로운 발달이란 모두가 착하고 얌전한 그런 단조로운 것은 아니다. 조화로운 발달은 긴장, 조정의 순간이 있는 발달이다. 걷기를 시작하고는 이 새로운 능력에 매우 만족해서 하루 내내 아파트의 이쪽 끝에서 저쪽 끝까지 뛰는 유아는 종종 주변 사람을 피곤하게 한다. 후자는 다양하게 반응할 수 있다. 그 사람이 얼마나 피곤한지, 얼마나 유연한지, 어떤 내력이 있는지에 따라 아이에게 아주 너그러울 수도 아주 너그럽지 않을 수도 있다. 어쨌든 파트너(유아와 유아의 주변 사람)가 상호적으로 이 실제 상황에 적응해야 한다. 가장 최상의 경우에서도 유아는 하고 싶은 모든 것을 다 할 수는 없을 테지만, 그래도 유아가 발견하고 싶은 욕구를 유지할 수 있도록 유아에게 충분히 많이 움직일 수 있는 여유를 주어야 할 것이다. 그러기 위해서는 재조정하려는 모든 노력이 필요하다. 부모는 교육적 보완 조치를 거치게 되고, 유아의 이 새로운 감동의 기쁨은 필요한 금지들로 인해 불가피하게 제한받게 된다. 따라서 걷기를 시작하는 시기는 필연적으로 기막힌 순간인 동시에 구속하는 순간이다. 그때는 재조정과 기준의 변화를, 긴장을 초래한다. 만약 이 시기가 완전한 방임주의나 단호한 엄격함에 빠지지 않고 호의적으로 지나간다면, 이 긴장의 시기는 가장 잘 해결될 것이다. 유아는 새로운 쾌감을 찾아냈지만 그것을 억제하는 법을 배우게 될 것이고, 유아가 어느 정도 자립적이 되므로 부모의 책임은 완화된다.

이러한 이행——걷기, 대소변 가리기, 언어 습득, 탁아소 입소, 유치원 취학 등에 도달하는 것——은 모두에게 그만큼 어려운 순간들이다. 그 순간들은 기한이 정해진 각 시기에 이전 단계에서 체험했던 것들의 서로 다른 소득들을 다시 찾아냈을 때 최선으로 협상된다고 생각할 수 있다. 그러나 조화로운 발달에는 이러한 순간들이 존재한다. 유아의 발달에 유아의, 그리고 다른 사람들의 노력이 필요하지 않다는 생각은 환상일 것이다. 갈등 없는 교육은 존재하지 않는다. 다시 말하자면 그런 교육은 완전히 현실 원칙 밖에 있기 때문에 완전히 비정상적이기도 하다. 중요한 것은 이러한 갈등들이 협상되는 방식이다. 잘 협상된 갈등은 패자를 모른다. 즉 승자만이 있을 뿐이다. 잘 협상된 갈등의 해결은 모든 이들을 성장시킨다. 여기서, 유아에게 있어서 '성장한다' 라는 용어는 유아가 받아들이는 모든 것에서 인용된다.

그러므로 이 책을 읽는 부모들은 전적으로 안심하기 바란다. 부모들은 그들의 감정을 가질 수 있다. 부모들이 감정을 갖는다는 것이 바람직하기까지 하다. 그렇다고 해서 단지 감정만을 가져서는 안된다! 유아에게 필요한 안정은 전반적으로 지속적이고 조화로운 태도에 의해 이루어진다. 다소 급작스런 감정의 변화가 때때로 일어난다는 사실은 전혀 걱정할 일이 아니다. 다른 길로 안정된 유아는 상황들을 구별할 수 있기 때문이다.

우리가 강조하고자 하는 것은 당신의 자녀가 성장하는 길, 행복의 길, 미래에 성공하는 길이 항상 장미가 뿌려진 길이 아니라는 것이다. 또한 단 하나의 유일한 길이 있는 것도 아니다. 우리가 이 부분에서 지적하는 것은 우리 사회문화에 적합한 기본적인 정착 요소들이다. 우리가 이 글들을 통해서 정서만큼이나 교육과 문화에 많은 부분을 할당하는 것은, 바로 우리가 우리 사회 안에서 이 두 가지 요소가 얼마나 중요한지 알고 있기 때문이다. 그리고 우리의 것인 그 사회는 바로 현실 원칙이다. 이 사회가 완전하지 않다는 것에 아무도 이의를 제기하지 않고…… 그러나 이건 또 다른 논쟁이다. 우리는 자녀들을 유일한 존재들, 규칙을 존중하지만 자립적인 존재들, 이 사회에서 발전을 도모할 수 있는 존재들 그러나 또한 그 사회를 판단할 수 있는 존재들, 그리고 사회를 발전시킬 수 있는 존재들이 되도록 노력하면서 우리 아이들과 함께 행동해야 하고 우리 아이들을 이끌어야 한다.

학교에서의 바람직한 성공을 위한 전제 조건

학교에서의 올바른 성공을 위해 필요한 전제 조건들은 종종 유아의 조화로운 발달에 필요한 것들과 같다. 유아는 무엇을 동화했어야 하는가? 만약 오늘날 유아가 두려움 없이 학교의 학업 과정에 다가가기를 원한다면, 유아는 무엇을 완전히 숙달해야 하는가? 우리는 오늘날이라고 분명히 말한다. 이 책을 읽는 당신 또는 당신의 부모들은 5세에 같은 '무기'를 갖지 않았을 것임은 분명하다. 그리고 그건 우리 또는 우리 부모들이 유아였을 때의 현실 원칙이 우리 아이들이 알고 있는 원칙들, 그리고 몇 년 안에 알게 될 원칙들과 같지 않다는 간단한 이유 때문이다.

성공하기 위해 5세의 유아에게 필요한 그런 요소들·지식들·습득들·그것들은 무엇일까? 당신의 자녀는 단지 태도, 행동을 통해서 자신의 행복과 불행을 표현한다는 것을 상기하자. 무엇보다도 유아는 말보다 몸으로 더 표현한다. 따라서 유아의 일상 활동들을 통해 유아를 살펴보는 것은 유리하다.

유아가 장난감을 갖고 놀 때 어떤 태도를 취하는가?

만약 (5세, 5세 6개월 된) 당신의 자녀가 다양한 장난감을 가지고 있다면, 그리고 만약 당신의 자녀가 15분, 30분 또는 45분 동안 한 장난감이나 또는 다른 장난감을 가지고 노는 것이 가능하다면 그것은 아주 긍정적인 신호이다. 우리가 **VIII**장에서 보여주었던 것처럼 다양한 장난감을 가지고 있는 유아는 신경 조직, 지적 전략을 증식시킨다. 게다가 만약 자녀가 30분 이상 그 장난감에 관심을 보인다면 그것은 차분하고 온화한 아이이고, 더 긴 시간 동안 주의를 기울일 수 있다는 사실을 나타내는 것이다. 이 두 자질은 장차 학교 교육에 관한 습득을 할 때 가장 쓸모 있을 것이다. 또한 당신 자녀가 가지고 노는 다양한 장난감은 아이의 관심, 동기를 드러나게 해준다.

반대로 동기가 거의 부여되지 않은 유아, 흥미가 별로 없는 유아는 장난감이 적고, 놀이는 반복적이라는 것을 알 수 있다. 또한 많은 경우에 놀이가 단지 신체적인 것에 불과하고 정신 기능에 관한 것이 아님을 알 수 있다. 이러한 양상과 비슷한 유아는 이 활동에서 저 활동으로 '옮겨다니는' 유아이다. 이 '변덕부리기'는 끊임없이 되살아나는 순간적인 흥미의 반영이다. 또한 그건 일반적으로 불안감의 반영이기도 하다.

놀이를 대하는 유아의 태도는 미래에 삶의 다양한 체험에 맞서는 아이의 태도가 어떠할지를 잘 드러낸다. 그 체험들이 더 추상적이거나 덜 유희적이라는 점은 아무것도 바꾸지 못한다. 왜냐하면 추상화로 이행하기 전에 유아는 시험이 필요하기 때문이다. 그것이 바로 놀이가 쓸모 있는 이유이다. 유아가 좋은 조건에서 시험하면 할수록 아이는 더 추상화할 수 있다. 불행하게도 그 반대도 또한 사실이다.

유아가 말을 어떻게 사용하는가?

5세의 유아는 형식의 차원에서 정확한 문장을 만들기 시작한다. 아직은 아주 심사숙고하여 만들어지지 않았다 하더라도——그리고 그것은 지극히 당연하다——유아가 만들어 낸 문장은 훌륭하다. 유아는 특히 동사의 시제에서 (물론 더 복잡한 시제는 제외하고) 몇몇 사소한 실수를 범할 수 있지만 그것은 일시적인 것이다.

유아의 어휘 지식은 정확하다. 그것은 유아가 일상어의 단어들을 알고 있으며, 대체로 그 단어들의 뜻을 파악하고 있다는 것을 의미한다. 이 어휘 지식은 유아가 집 또는 학교에서의 생활에 관해 일상적인 대화를 할 수 있게 해준다.

유아는 또한 우리가 '기본 개념'이라고 부르는 것을 완전히 숙달하고 있다. 이 '기본 개념'들은 시간과 공간 속에서 사람들·동물들·사물들을 정확하게 위치시키는 데(예: 나무는 숲 속에 있다……) 필요한 짧은 단어들이나 '……에서 멀리 떨어져' '……의 중간에' '……보다 큰' '……보다 작은'과 같은 어군들이다. 초등학교 1학년에 들어가기 전에 유아는 이러한 단어들이나 키워드들의 어군들을 대부분 안다.

정확한 문장과 어휘 지식은 미래의 성공을 예측 가능하게 한다. 그것은 우리가 언어에 할애한 장에서 강조하고 증명해 보였던 사실이다.

그러나 주의하라! 언어와 언어의 뜻이 있고 그 언어가 사용되는 방식이 있다. 당신은 당신 자녀와 간단한 대화를 할 수 있는가? 만약 그렇다면 그것은 좋은 징조이다. 그러한 대화가 있다는 것은(그것이 단지 몇 분에 지나지 않는다 하더라도) 여러 측면의 전조가 된다. 먼저, 당신의 자녀는 주고받으려는 욕구가 있으며 주고받을 수 있다는 측면이다. 이 주고받으려는 욕구는 동기, 그리고 아이가 자신의 주위에서 일어나는 일에 대해 가지는 관심에 긴밀히 연결되어 있다. 그것은 활기차다는 아주 좋은 표시이다. 반대로, 편안하지 않고 내성적인 유아는 주고받고자 하는 욕구를 보이지 않는다. 기분이 좋지 않은 이 유아는 다른 사람에 대해 거의 관심을 보이지 않는다.

이러한 욕구, 즉 주고받고자 하는 욕구 외에 그 욕구를 만드는 능력이 있다. 진정한 대화가 가능한 유아는 다른 사람이 말하는 것을 듣고 숙고하고 그것을 분석하고 답변하며, 자신의 의견을 내는 것을 동시에 할 수 있는 유아이다. 대규모의 계획이 필요한가? 물론이다. 이 주고받는 능력은 나이와 함께 발달되고, 5세의 유아는 이 능력을 **아주 조금** 가지고 있을 뿐이다. 이때 주고받는 것은 몇 개의 짧은 문장들이다. 또한 비교적 질문-대답의 의미에서의 주고받기이다. 아직은 사고 · 의견 · 개념 등을 주고받는 것이 아니다. 그건 인격의 성숙과 지식의 습득에서만 나온다. 5세의 유아는——다행스럽게도——자기 의견을 밝히는 것보다 발견하는 데 훨씬 더 몰두한다.

대화를 시작하는 이러한 능력은 그 대화가 짧더라도 또 다른 훌륭한 징후인데, 그것은 지적 과정에서 발견하는 것들과 비슷한 과정들, 즉 듣기와 메시지 파악, 분석과 답변을 언어의 교환에서 다시 발견하기 때문이다. 모든 지적 과정은 이 기본 원리에 토대를 둔다. 만약 유아가 대화에서 그 기본 원리들을 실행한다면 또 다른 과정에서도 그 원리들을 실행할 수 있을 것이다.

언어의 교환이 가능한 유아는 또한 다른 사람과의 관계도 잘 이루고 있는 유아이다. 이 유아는 분별할 줄 알고 차이를 둘 줄 안다. 이러한 측면은 우리가 개성의 중요한 요소였다고 말한 이 개별화와 연관지을 만하다.

언어, 거기에 담겨진 뜻과 그 언어를 실제로 쓰는 방식은 그만큼 유아의 개성을 반영하는 것이다. 말을 많이 하지만 함부로 말하는 유아의 환상에 빠지지 않도록 주의하라! 말만 하고 듣지는 않는 유아를 주의하라. 이런 유아는 주고받고 있는 것이 아니다. 이런 유아는 분명히 언어의 교환을 핑계삼아 불안을 표현한다. 이 유아의 다변은 불안을 반영하는 것에 불과하며, 그리고 이 경우에 수다는 걱정스러운 징후이다.

다른 사람들과의 관계는 어떤가?

먼저 당신과의 관계는 어떠한가? 만약 자녀가 하겠다고 하기까지 자녀에게 열 번 되풀이해서 요구한다면, 만약 자녀가 기분 내키는 대로만 한다면 학교에서 요구하는 지시들을 듣고 받아들이는 데 가장 큰 어려움을 갖게 될 것이다…….

만약 반대로 쉽게 교류를 갖는 유아라면 학교와의 접촉도 또한 그럴 것이다. 이 사실에는 때때로 몇몇 주장들, 무뚝뚝하거나 침울한 유아들은 포함되지 않으며 그리고 그건 쌍방이 모두……. 경각심을 불러일으켜야 하는 경우는 언제나 또는 대부분의 시간을 단지 기분 내키는 대로만 하는 유아이다. 이런 유아는——이런저런 이유로——불안한 관계 방식을 시작하고 학교의 차원에서도 그것은 바뀌지 않을 것이다.

유아의——그리고 성인의——조화로운 인간 관계는 교제하는 방식, 교제를 청하는 방식, 교제를 시작하는 방식으로 평가되지만, 또한 다른 사람을 존중하는 방식으로도 평가된다. 이 존중은 순종에서 나오는 것이 아니고 지배에서 오는 것도 아니다. 유아-노예는 순종 상태에 있고, 유아-왕은 지배 상태에 있다. 전자는 결코 솔선해서 하지 않을 것이며, 후자는 오직 자신만의 만족을 위해서 그렇게 할 것이다. 전자는 앞으로 나아가기 위해 언제나 제삼자의——의식적인 또는 무의식적인——허락이 필요할 것이고, 후자는 자신의 만족이 더 이상 고려되지 않으면 즉시 제삼자와 갈등을 빚게 될 것이기 때문에 전자도 후자도 성공하지 못할 것이다.

성공하는 미래의 능력을 보여주는──그리고 '명백한'──요소들 가운데, 우리는 결정적인 것으로 보이는 세 가지 요소의 목록을 작성했다. 그 요소들은 놀이를 대하는 유아의 태도, 유아의 언어, 언어를 사용하는 방식과 사용하는 언어의 풍부함, 그리고 다른 사람과 관계를 시작하는 능력이다. 놀이에서 이런 성공 수단을 숙달한 유아는 생활과 장차 학교에서 최고로 발전할 수 있는 정서적인 조건을 갖추게 된다.

훌륭한 전조를 마무리 손질하고 보충하는 '뚜렷한' 다른 측면들이 있다. 그건 생리적·교육적, 그리고/또는 잘 내면화되고 잘 동화된 문화적 구성 요소들의 징후들이다. 열거하자면, 시간 탐지·공간 탐지·필체 등이다.

시간 탐지

5세의 유아는, 유치원의 5-6세 반 학년말 즈음에 이론적으로 일주일의 서로 다른 요일들을 관련지어 시간 안에 위치를 탐지한다. 유아는 요일들의 순서 안에서 요일들을 알 뿐만 아니라 내일이 무슨 요일인지 그리고 어제가 무슨 요일이었는지를 말할 수 있다. 여기에 문화적인 요소가 있는데, 즉 아이는 이 날들을 '배워서' 알기도 하지만 거기에는 정서적 그리고 교육적 요소들이 또한 있다. 요일과 관련된 이 입장 표명은 흐르는 시간과 관련하여 위치한 유아 자신을 나타내기 때문에 정서적이다. 유아 자신이 내일 무슨 요일이 될 것이라는 걸 안다. 유아는 이 개념, 즉 유아가 주변과 관련하여 또한 자주적이라는 것을 암시하는 이 개념에 대해 예속되지 않는다.

유아가 시간을 탐지한다는 사실은 유아가 이 개념을 배웠을 뿐만 아니라 어느 정도의 자주성을 획득했다는 것을 의미한다. 7세의 유아 또는 8세의 유아까지도 이 단 하나의 요점에 대해 그 개념을 획득하지 않았다는 사실을 우리는 매일 경험을 통해 알고 있다. 이런 유아들은 의존적이고 개별화되지 않은 유아들이고, 자신의 주변을 터득하지 못해 어쩔 수 없이 주변의 영향을 받는 유아들이다. 이 유아들은 매일 그 개념을 배운다 하더라도 그것을 받아들이는 데 가장 큰 어려움을 갖고 있다는 것을 역시 경험을 통해 알고 있다. 이 아이들은 그들의 개성이 전체적으로 주변 세계와 분화되어 있지 않기 때문에 이런 지적인 습득을 할 수 없다.

또한 유아가 흐르는 시간 안에 들어가기 위해서는 유아 자신이 가족의 계획뿐만 아니라 가족사에 포함되어야 한다는 점에 바로 교육적 구성 요소가 있다. '단발식'으로 키워진 유아는 이 흐르는 시간의 개념에 들어갈 수가 없다. 모든 계획에서 멀어진 유아에게, 그리고 지난 날에 했던 일에 대해 이야기해 주지 않는 유아에게 다음날과 어제에 대해 말한다는 것은 무모한 일에 속한다.

공간 탐지

우리는 몇 줄 앞에서 기본 개념들을 이용할 줄 아는 유아에 대한 관심을 강조했다. 이 개념들은 많은 유아들에게 공간 개념, 거리 개념, 차이의 개념, 즉 더 높이, 더 멀리, 가까이, 사이에 등의 개념들을 정의할 수 있게 해준다. 만약 유아가 이 개념들을 대화할 때 분별 있게 사용한다면 이 유아는 그 단어들이 포함하는 개념들을 통합한 것 같다. 또한 그건 유아가 차이를 두고 감정적인 자립을 하고 있다는 것을 나타내는 동시에 유아의 문화적인 풍부함을 나타내는 것이다(이 단어들은 유아의 주변 사람들에 대해 말할 때 사용되었다).

이론적으로 5세 반의 유아는 오른쪽과 왼쪽을 구별한다. 그러나 그건 절대적인 기준은 아니다. 유아가 이 개념을 완벽하게 숙달했을 때, 그것은 좋은 신호이지만 그것을 다른 것들과 관계를 맺게 해야 한다. 만약 완전히 숙달되지 않았다면 걱정스러운 일이지만, 그런 경우에 또한 이 유일한 관찰을 믿어서는 안 된다.

7세의 유아는 거울에 비친 모습처럼 거꾸로 측정화된다. 다시 말하자면, 아이와 마주하고 있는 당신한테 당신의 오른쪽과 왼쪽을 말할 수 있게 된다. 자기 중심의 사고에서 벗어나는 이 능력은 반대로 성숙의 좋은 신호이다.

필체

필체는 유치원에서 아주——지나치게?——높이 평가하는 훈련이다. 이 영역에서의 연습은 오히려 일반적으로 잘 이루어진다. 5-6세 반 학년말의 유아는 자신의 이름을 쓸 줄 알아야 하고, 적당한 시간에 한 문장 또는 몇 개의 문장을 베껴 쓸 줄 알아야 한다. 간혹 유아가 쓰기를 할 때 강하게 저항할 때가 있다. 드문 경우지만 일어난다. 어떤 유아들은 쓰는 데 가장 큰 어려움을 갖고 있다. 그러나 생리적인 이유들(이 생리적인 이유들에는 그것 때문이라는 것을 보여줄 수 있는 객관적 신호들이 없다) 때문이라기보다는 심리적인 이유 때문이다. 모든 것이 마치——다른 곳에서는 뛰어날 수 있는——이 아이들이 자국을 남기는 것을 두려워하는 것처럼 일어난다.

다행스럽게도 거의 흔하지 않은 이 눈길을 끄는 측면은 제쳐 놓고, 유아는 일반적으로 글씨를 쓰는 데에서 어떤 기쁨을 느낀다. 필체의 몸짓이 숙달되기 위해서는 어떤 생리적, 특히 신경과 근육의 발달을 요한다. 초등학교 1학년에 들어가기 전에 유아는 4 내지 5밀리미터 높이의 비교적 잘 모양을 갖춘 글자들을 쓴다.

글씨를 잘 쓴다는 사실은 그 자체로, 학교에서의 훌륭한 성공을 예측하게 하는 신호는 아니다. 우리는 이 책을 읽는 몇몇 독자들이 이 측면을 착각하지 않도록 하기 위해 그 점을 꼭 강조하고 싶다. 그 독자들을 변호하기 위해, 몇몇 교사들도 역시 착각한다는 것을 알아야만 한다.

'멋진' 필체로는 충분치 못하고, 그건 전조가 되는 아주 작은 요소에 불과하다. 다시 말하자면 아름다운 필체는 학교에서의 성공에 중요한 전조들의 부분을 이루기에는 거리가 멀다.

주의, 집중의 개념들, 특히 유아의 놀이를 통해서 관찰될 수 있다고 이미 우리가 말한 이 중요한 개념들을 우리는 다시 거론하지 않을 것이다.

초등학교 조기 입학을 고려하다?

우리는 초등학교 조기 입학의 문제에 대해 언급하지 않고는 이 책을 끝낼 수가 없다.

마지막으로 다시 한번 반복하자. 우리는 그 목적에서 이 책을 쓰지 않았다. 우리의 목적은 조화로운 상태의 성공이다. 그 성공은 교육 제도에 의해 주어진 시간 안에서 이루어지며, 우리는 우리의 약속을 아주 충분히 지키게 될 것이다.

그렇지만 이 초등학교 조기 입학의 문제는 제기될 수 있다. 심리학자로서 우리는 한 유아가 존재하는 것이 아니고 유아들이 존재한다는 것을 아주 잘 알고 있다. 그들 가운데 다른 유아들이 더 능력 있을 때 몇몇 유아들이 더 어려움을 갖고 있다는 것을 아주 잘 알고 있다. 만약 국민 교육이 후자에 관심을 많이 보인다면, 전자는 아주 서둘러서 가볍게 다룬다. 그것은 실수이다. 다른 아이들보다 더 빠르게 앞서가는 유아를 고려하지 않는 것은 단지 어려움을 갖고 있는 유아들에게만 관심을 집중시키는 것만큼 불합리하다. 문제를 모두 숙고해야 한다. 진급할 능력을 가진 유아들의 진급을 도와주지 않는 것은 양식에서 벗어난다. 그 유아들을 위해서 그리고 다른 유아들을 위해서도 그렇다. 먼저, 능력 있는 유아들이 그들의 욕구와 능력의 수준에 맞는 교육을 받지 않는다면 그 아이들의 진급을 도와주어야 한다. 그리고 결국 다른 유아들을 위해서. 어려움을 갖고 있는 유아들을 포함해서 그리고 특히 그 아이들을 위해서. 왜냐하면 '우수한' 유아가 너무 자주 기준으로 이용되기 때문이다. 기준으로 이용되면서 그 유아의 친구들에 대한 모든 인식, 그리고 특히 어려움을 갖고 있는 유아에 대한 인식을 변질시킨다. 따라서 어려움을 갖고 있는 유아는 여전히 한층 더 소외된다. 게다가 결국 더 재능 있는 유아에게 진지하게 관심을 기울이는 학교 제도 안에서 마침내 어려움을 가진 유아가 그만큼 더 제

자리를 찾게 될 것이라고 생각할 수 있다.

이러한 총체적인 측면 외에 초등학교 조기 입학에 대해 알고 싶거나 또는 자녀가 조기 입학을 할 수 있는지에 관해 물어볼 수 있다. 실제로 이러한 문제는 거론되지 않았어야 한다. 그 문제는 어떤 방식으로도 의무적으로 제기되었어야 했다. 우리가 보아온 '최선의' 초등학교 조기 입학은 그저 그 질문이 **앞서서** 제기되지 않았었던 유아들의 조기 입학이다. 실제로 이 질문은——부모들과 교사들——모두에게 4세 때 던져졌었다. 그때에 이 유아들이 다른 유아들보다 더 유능했다고 확인되었다. 그들의 부모들은 어떤 촉성 재배도 하지 않았지만……. 그들의 자녀들을 정서적·교육적 그리고 문화적으로 성숙하게 해서 일반적으로 1년 후에 유아가 갖게 되는 성공의 수단들을 그 아이들에게 주었다.

초등학교 조기 입학의 목적과 함께 자녀를 조기 취학시키는 것이 책임이 있는 부모가 취할 과정은 아니다. 책임이 있는 부모가 취해야 할 과정은 자녀에게 올바른 정서적 안정을 가져다주고 확고한, 그러나 유연한 교육적 지표들을 제시하고 타고난 호기심을 키워 주는 것이다. 만약 4세에 이 유아가 더 나이가 많은 유아의 학습을 받을 수 있는 것으로 보이면 그때 문제를 제기할 수 있다.

그렇지만 문제를 제기하기 전에 스스로 자문해 보아야 한다. 나는 내 아이를 통해 나 자신에 대해 생각하고 있는 것은 아닌가? 나는 내 아이를 통해 자기 중심적인 상처를 치료하고자 하는 것은 아닌가? 선별되지 않은 용어들을 사용하기 위한, 허영심에서 이 문제를 제기하는 것은 아닌가? 이 질문들이 단순한 반면에 **객관적인** 대답들은 그보다 덜 단순함을 우리는 안다.

만약 당신이 현재의 당신 삶에서 대체로 밝고 건강하다면, 당신은 공정할 가능성이 더 있고…… 만약 당신이——이런 또는 저런 이유로——그렇지 못하다면, 당신이 시도하는 것이 당신 안에서 상처받은 어떤 것을 치료하려는 수단은 아닌지 물어보아라…….

만약 '편견 없이' 당신이 바라는 것이 오로지 당신 자녀의 이익이라면, 질문은 합당한 것 그 이상이고 필요한 것이다.

만약 당신 자녀가 꼭 필요한 분별력을 지녔다면(즉 아이가 안정되고 자립적이고 자율적이고 개별화됨), 그리고 만약 이 페이지들을 통해서 우리가 확인시킨 조건을 갖췄다면 초등학교 1학년 조기 입학은 걱정 없이 시도될 수 있다. 반대로 자기 자신에 만족해하고, 마음이 편안하고, 동기 부여가 되고, 깊이 생각할 수 있는 유아는 자신의 흥미와 호기심을 채울 것들을 찾을 것이다. 게다가 아이는 공부가 그렇게 늘어났다고는 생각하지 않기 때문에 가중된 공부로 고통받지 않을 것이다. 아이는 우리가 우리에게 흥미로운 학과를 연구하게 될 때의 우리, 어른들과 같은 입장에 처하게 될 것이다. 우리는 그것을 구속이라 생각할 것인가? 생활에 만족하고 생각이 올바른 유아에게는 공부가 기쁨의 근원이기도 하기 때문에 학교 공부 또는 다른 공부가 완전히 과제는 아니다.

일상 생활에서 어떻게 그런 일이 일어나는가? 유능한 유아가 두드러지는 것은 4-5세 반 학년을 통해서이다. 초등학교 1학년에 필요한 선행 학습이 5-6세 반에서 이루어지기 때문에 이 유아는 4-5세 반에서 이 모든 선행 학습들을 하지 않는다는 것은 확실하다.

필체의 문제는 대부분 이때 제기된다. 유아는 유치원의 마지막 학년에서 하는 것처럼 쓰는 훈련을 하지 않는다. 만약 단지 이 측면에만 미진한 점이 있다면, 장벽 제거는 5-6세 반과 더불어 시행될 수 있겠지만, 그 일에서 오로지 교사들만이 지도자들이다. 그것을 강조하는 것이 중요한 게 아니라 교사들과 함께 그 문제에 대해 이야기하는 것이 중요하다. 일반적으로 솔선해서 이 과정을 시작하는 사람들은 바로 교사들이다. 그럼에도 불구하고 만약 필체가 여전히 불완전하다면, 초등학교 1학년에서 그 능력이 아주 필요하기 때문에 기다리는 것이 더 낫다.

그러나 단지 초등학교 1학년 조기 입학에만 초점을 모으는 것은 중요하지 않다. 여전히 더 많은 특전 때문에 나중에 문제가 제기될 수 있다. 유아의 발달에 대해 우리가 쓴 서로 다른 부분들을 다시 생각해 보자. 그리고 만약 그 글들 중에 하나가 너무 빈약하다면, 그 부분이 확고해지기를 기다리는 것이 더 바람직하거나 또는 더 나아가 분명히 밝히도록 돕는 것이 더 바람직하다. 우리는 돕는 것을 말하는 것이지, 조건짓는 것을 말하는 것이 아니다. 유아는 지적으로 우수하지만 약간 아기 같은 데도 있지 않은가? 유아가 점진적으로 자립적이 되도록 이끌어라. 유아에게 책임을 지워 주고 먼저 해보게 하라. 물론 유아를 대번에 몰아내라는 것이 아니라 조금씩 유아가 책임을 지도록 이끌라는 것이다. 같은 상황에서 유아가 자립적이지 않다면 우리가 뭔가 다소 책임이 있지는 않은지 자문해 보자. 우리는 진정으로 유아에게 자율을 주고자 하는가? 항상 우리를 필요로 하는 유아가 간혹 약간 귀찮지만 때로는 매우 만족감을 준다. "그 아이는 나 없이는 지낼 수 없어"는 "나는 오로지 그 아이를 위해 있어"를 함축하고, 또 "그래서 내가 참 중요해"를, 즉 어느 누구의 에고(ego)라도 강화시키는 데 기여할 모든 것들을 함축한다. 여기서 죄의식을 갖는 것이 중요한 게 아니라 잘 폴은 자신의 사례로 우리에게 신중한 길을 제시한다.

폴, 기다리는 것이 더 바람직한 경우

3학기 중 마지막 학기에는 늘 한 묶음의 조기 진급의 요청건들이 우리에게 들어온다. 어린 폴을 위해서 아버지가 조기 진급 요청을 했다. 이 요구가 급히 이루어진 것은 아니며, 더구나 동일한 요구를 한 다른 부모들에 의해 유발된 그런 문제이다…….

폴은 거무스레한 피부에 금발의 어린 남자아이이다. 필요한 평가서를 만들기 위해 우리를 보러 왔을 때 폴은 아무 말 없이 우리를 따랐다.

상담하는 동안 폴은 우리의 모든 질문에 대답했지만, 결코 어느 순간에도 그 이상 말하지 않았다. 폴은 결코 자발적으로 감히 참여하려 하지 않았다. 폴의 대답들은 짧고 극도로 단순화되었다.

폴에게는 형이 있고, 폴이 자세하게 말한 '배 속에서 아직 나오지 않은……' 누이동생이 있다. 폴이 '엄마의'를 언급하지 않았다면, 그건 폴의 부모가 이혼했기 때문이다. 앞으로 상담이 있는 동안 폴을 우리에게 데리고 올 사람은 폴의 아빠이다. 그 점에 관해서 폴은 한마디도 하지 않았다.

우리가 폴에게 치르게 한 테스트는 만족스런 결과를 가져왔다. 지적인 면에서 모든 것이 좋았다. 학생처럼——보다 정확히 말해 취학 이전의 학생처럼——폴은 초등학교 1학년에서 성공적으로 잘해 내는 데 필요한 선결 조건을 갖추고 있었다. 5-6세 반의 유아들도 폴이 가지고 있는 지식이 없다.

폴은 신체적으로 중간 정도이다. 폴은 약간의 수면 장애가 있는 것을 제외하고는 건강에도 문제가 없었다. 유치원에서 좋아하는 것은? 그때 폴의 얼굴에 환한 미소가 퍼지면서 서슴없이 나온 대답은 "장난감이오…!"

폴의 경우에 평가서는 다음과 같이 작성되었다: 지적으로 그리고 학생으로, 폴은 아무 문제없이 초등학교 1학년에 진급할 수 있다. 정서적 차원에서 폴은 자신의 나이(말하자면 4세) 그 이상이 아니다. 그럼에도 불구하고 우리는 약간 불안한 자격 요건을 생각해 볼 수 있다. 반대로 가장 곤란한 것은 인간 관계의 어려움이다. 그런데 폴은 오히려 어른과 따로 떼어 남겨진 운명이고, 폴은 질문에 대한 대답 그 이상은 하지 않는다. 교사들이 좋아하는 것처럼 '얌전한' 아이지만, 너무 '얌전한' 아이는 아닌지? 폴이 어려움에 처하게 될 때 무슨 일이 일어날까? 폴은 감히 부탁을 할까? 종이를 앞에 두고 혼란에 빠져 있을까?

교사 쪽에서도 역시 운명지어진 이 측면을 강조한다. 교사는 그런 측면을 교실에서 규칙적으로 똑같이 발견한다. 게다가 폴 아버지와의 상담을 통해 집에서 폴의 생활이 완전히 안정되지 않았다는 것을 알았다. 폴의 아버지는 안정되어 가고 있다고 말하지만 아직 그런 경우는 아니다. 우리가 상담할 때 폴의 어머니를 보지 못했다는 사실이 그 점에 대해 우리를 안심시키지 못하는 것이다.

물론 이러한 상황이 처음에는 이 어린 남자아이에게 더 나은 다른 사람들과의 관계에 필요한 요소들을 주는 데 기여하지는 않을 것이다.

우리가 폴의 아빠에게 폴의 학교 학업 과정의 월반을 좀더 후에 시도하라고 조언하게 된 것은 이러한 모든 요인들 때문이다. 폴이 명석하다는 것은 사실이지만, 이제부터 알겠지만 이 유일한 측면들만으로는 아무리 그것들이 관심을 끈다 할지라도, 건강하고 조화롭고 경쟁력 있는 발달을 위해서는 충분하지 않다. 폴을 위해서는 이 문제를 나중에 시도하는 것이 더 낫다.

확실히 폴은 초등학교 1학년에서 의심할 여지없이 잘해 내겠지만 조금 더 멀리 투사되어야 한다. 친구들보다 어린 나이, 거기에 추가되는 미숙한 인간 관계는 폴이 학교 생활을 잘해 나가게 할까? 전혀 확실하지 않다. 만약 정서적으로 아이의 주변이 안정되고, 그리고 만약 앞으로 이 어린 남자아이의 개성의 이러한 측면을 의식하고 이 차원에서 아이를 돕도록 노력한다면, 그런 경우를 제외하고는 전혀 확실하지 않다.

따라서 폴의 경우는 부모와 교사들에게 다시 생각해 보게 한다. 유아 개성의 한 측면만을 고려하는 것은 어느 정도 위험을 무릅쓰는 것이다. 의심스러울 때 신중하게 된다. 기다리는 것이 더 낫다. 월반의 가능성은 초등학교 6학년까지 있으니까…… 그래서 우리는 어느 날 캉탱을 만나게 되었다.

캉탱, 기쁘게 성공하는 방법

캉탱은 초등학교 3학년이고 8세 6개월 조금 더 됐으며 신체적으로는 큰 편이다. 총명하고 보기 좋은 얼굴의 캉탱은 아직은 약간 인형같이 포동포동하고, 끼고 있는 안경조차도 이 아이를 완전히 엄숙하게 만들지는 못했다.

캉탱의 인간 관계는 좋으며, 담임 교사 또한 그렇다고 했다. 캉탱은 다른 아이들에게 좋은 친구로 여겨진다. 캉탱은 싸움을 벌이지 않으며 필요할 때 도움을 주기도 한다. 캉탱이 하는 활동들은? 캉탱은 4세부터 유도를 해왔다. 초등학교 1학년 나이부터 여름 학교에 갔다. 컴퓨터

게임을 좋아하고 탐정 소설을 읽으며 텔레비전을 본다. 캥탱은 학교에, 그리고 집에 친구들이 있다. 샘이라는 고양이가 있는데, "누나가 돌봐요"라고 서둘러 ス세히 설명했다.

학교에서 캥탱은 모든 것을 좋아하지는 않는다. 수학·역사·과학·서면 표현 등을 더 좋아한다. 캥탱은 자신을 행복한 소년처럼 묘사하는데, 차분하고 미소 띤 온화한 얼굴, 쉽게 다가가는 성격이 우리의 그런 느낌을 그만큼 확실하게 해주는 요소들이라는 것은 확실하다.

우리는 캥탱에게 지능 테스트와 일반 교양 테스트를 치르도록 했다. 거기에다가 태도가 전적으로 훌륭했다. 다시 말하자면 캥탱은 듣는 시간, 분석하는 시간, 전체를 살펴보는 시간을 가졌다. 공부할 때는 집중하고 주의 깊고 전혀 의존적이지 않다. 만약 알면 대답하고, 모르면 아주 간략하게 모른다고 한다. 겉으로 보기에 캥탱은 공부하는 데 만족한다. 발견하는 기쁨, 찾는 기쁨이 있다. 어려움이 있는가? 어려움은 캥탱을 의기소침하게 만들기보다는 도리어 자극한다…….

수치로 나오는 결과는 탁월하다. 지능지수는 142이고, 제시된 열 가지 시험에서 좋은 결과가 조화롭게 분산되었다…….

우리는 교사 그리고 부모와 면담을 하고 우리의 분석을 완성했다. 담임 교사는 학교 공부 차원에서도, 인간 관계에서도 소년이 자유스럽다는 것을 확인했다. 부모들은? 초등학교 3학년에서 초등학교 5학년으로의 월반을 요청한 것은 캥탱의 부모들이 아니고 담임 교사이다. 캥탱의 부모들은 모든 충고를 들을——받아들일——준비가 되어 있다. 캥탱에 대한 그들의 의견은 우리의 분석을 공고하게 한다. 지적으로, 학생으로 소년은 편안하고 다른 아이들과의 관계는 만족스럽다. 캥탱의 몇몇 관심들이 더 나이든 유아들이 갖는 관심들이라 하더라도 정서적으로 캥탱은 제 나이에 맞다. 우리는 이러한 측면을, 캥탱은 아직도 어린아이이고 부모들이 그 점을 잊지 않는 것이 중요하다고 말하면서 아이의 부모에게 간략하게 강조했다.

캥탱은 초등학교 5학년에서 성공하고 계속 발전해 나가는 데 필요한 모든 수단들을 가지고 있었다. 바로 다음 해에 캥탱이 그렇게 했다. 모두의 가장 큰 만족을 위해. 캥탱 자신의 만족으로 시작해서.

최종 충고

우리의 의견은 이 페이지들을 통해 언제나 명확했다. 다시 말하자면 우리가 이 책에서 보여주었듯이 감정의 성숙이 지적 발달을 준비하는 것이기 때문에, 우리의 의견은 유아의 지적 발달만큼이나 감정의 성숙에 관련되었다.

만약 유아가 감정적인 생활, 인간 관계의 삶에서 성공하지 못한다면 학교에서의 성공은 어떠한 관심도 끌지 않는다. 유아의 현재뿐만 아니라 미래는 열정과 활기가 혼합된 차분함을 필요로 한다.

난감한 모든 부모들에게는 교육 분야에서 지성에 대한 단순한 가정, 즉 유아의 올바른 발달에 유해한 것은 바로 지나침이라는 단순한 전제가 필요하다. 시기에 지나친 것 그리고 과도한 집중이. 어떤 질책들은 효과가 없다. 끊임없는 꾸중은 유아에게서 모든 발견 의지와 자주적 의지를 없앤다. 유아에게 자유 공간을 주는 것은 아주 올바르다. 유아가 항상 마음대로 하도록 내버려두면 유아는 현실 원칙에 결코 맞설 수 없다. 그러면 유아가 필연적으로 현실 원칙에 맞서는 날에 유아는 완전히 무력해질 것이다. 지나치게 억압하면 흥미를 완전히 잃게 할 뿐만 아니라…… 더 이상 실수를 두려워해서는 안 된다. 실수도 또한 현실 원칙의 성격을 지닌다. 실수 그 자체가 유아를 정립시킨다. 우리는 서두에서 그것을 이야기하였다. 그리고 완전한 교육은 없다. 틀림없이 지식은 이 어려운 일을 더 잘 배우게 한다.

유아를 교육시키는 것은 최선으로 사회의 일원이 되는 수단을 유아에게 제공하는 것이다. 학교는 이미 사회이다. 따라서 학교에서의 성공은 중요한 목적이다. 그리고 유아가 학교를 좋아하기 전에 그저 삶을, 유아 자신의 삶을 좋아할 때에만 완전히 그 목적을 이룰 것이다.

전재민
이화여자대학교 불어불문학과 졸업
파리 제4대학 불문학 석 · 박사
역서: 《부모가 알아야 할 유치원의 모든 것들》

문예신서
2008

요람에서 학교까지

초판발행 : 2006년 11월 10일

東文選

제10-64호, 78. 12. 16 등록
110-300 서울 종로구 관훈동 74번지
전화 : 737-2795

ISBN 89-8038-586-2 94370
ISBN 89-8038-000-3(세트/문예신서)

東文選 現代新書 1

21세기를 위한 새로운 엘리트

FORSEEN 연구소 (프)

김경현 옮김

우리 사회의 미래를 누르고 있는 경제적·사회적 그리고 도덕적 불확실성과 격변하는 세계에서 새로운 지표들을 찾는 어려움은 엘리트들의 역할과 책임에 대한 재고를 요구한다.

엘리트의 쇄신은 불가피하다. 미래의 지도자들은 어떠한 모습을 갖게 될 것인가? 그들은 어떠한 조건하의 위기 속에서 흔들린 그들의 신뢰도를 다시금 회복할 수 있을 것인가? 기업의 경영을 위해 어떠한 변화를 기대해야 할 것인가? 미래의 결정자들을 위해서 어떠한 교육이 필요한가? 다가오는 시대의 의사결정자들에게 필요한 자질들은 어떠한 것들일까?

이 한 권의 연구보고서는 21세기를 이끌어 나갈 엘리트들에 대한 기대와 조건분석을 시도하고 있으며, 구체적으로 그들이 담당할 역할과 반드시 갖추어야 될 미래에 대한 비전을 제시하고 있다.

본서는 프랑스의 세계적인 커뮤니케이션 그룹인 아바스 그룹 산하의 포르셍 연구소에서 펴낸 《미래에 대한 예측총서》 중의 하나이다. 63개국에 걸친 연구원들의 활동을 바탕으로 세계적인 차원에서 우리 사회를 변화시키게 될 여러 가지 추세들을 깊숙이 파악하고 있다.

사회학적 추세를 연구하는 포르셍 연구소의 이번 연구는 단순히 미래를 예측하는 데에 그치는 것이 아니라, 미래를 준비하는 자들로 하여금 보충적인 성찰의 요소들을 비롯해서, 그들을 에워싸고 있는 세계에 대한 보다 넓은 이해를 지닌 상태에서 행동하고 앞날을 맞이하게끔 하기 위해서 이 관찰을 활용하자는 것이다.

東文選 現代新書 14

사랑의 지혜

알랭 핑켈크로트

권유현 옮김

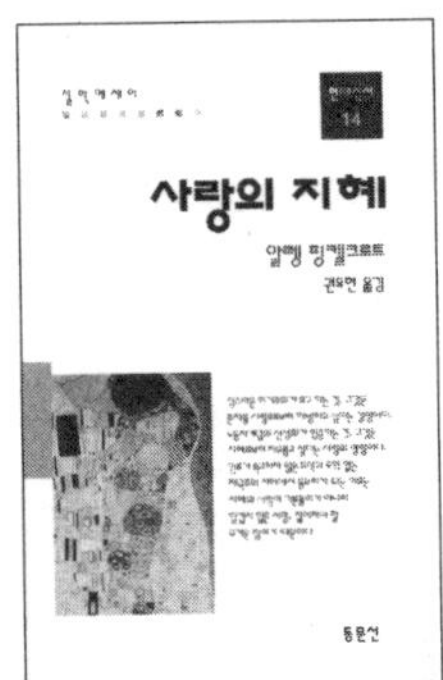

수많은 말들 중에서 주는 행위와 받는 행위, 자비와 탐욕, 자선과 소유욕을 동시에 의미하는 낱말이 하나 있다. 사랑이라는 말이다. 그러나 누가 아직도 무사무욕을 믿고 있는가? 누가 무상의 행위를 진짜로 존재한다고 생각하는가? '근대'의 동이 터오면서부터 도덕을 논하는 모든 계파들은 어느것을 막론하고 무상은 탐욕에서, 또 숭고한 행위는 획득하고 싶은 욕망에서 유래한다는 설명을 하고 있다.

이 책에서 묘사하는 사랑의 이야기는 타자와 나 사이의 불공평에서 출발한다. 즉 사랑이란 타자가 언제나 나보다 우위에 놓이는 것이며, 끊임없이 나에게서 도망가는 타자로부터 나는 도망가지 못하는 것이다. 그리고 사랑의 지혜란 이 알 수 없고 환원되지 않는 타자의 얼굴에 다가가기 위해 애쓰는 것이다. 저자는 이 책에서 남녀간의 사랑의 감정에서 출발하여 타자의 존재론적인 문제로, 이어서 근대사의 비극으로 그의 철학적 성찰을 이끌어 가기 때문이다. 그러나 우리가 이웃에 대한 사랑을 이상적인 영역으로 내쫓는다고 해서, 현실을 더 잘 생각한다는 법은 없다. 오히려 우리는 타인과의 원초적 관계를 이해하기 위해서, 또 그것에서 출발하여 사랑의 감정뿐 아니라 다른 사람에 대한 미움의 감정까지도 이해하기 위해서, 유행에 뒤진 이 개념, 소유의 이야기와는 또 다른 이야기를 필요로 할 수 있다.

알랭 핑켈크로트는 엠마뉴엘 레비나스의 작품에 영향을 받아서 근대가 겪은 엄청난 집단 체험과 각 개인이 살아가면서 맺는 '타자'와의 관계에 대해서 계속해서 질문을 던진다. 이것은 철학임에 틀림없다. 그렇기는 하지만 구체적인 인물에 의해 이야기로 꾸민 철학이다. 이 책은 인간에 대한 인식의 수단으로 플로베르·제임스, 특히 프루스트를 다루며, 이들의 현존하는 문학작품에 의해 철학을 이야기로 꾸며 나간다.

東文選 現代新書 40

윤리학

알랭 바디우

이종영 옮김

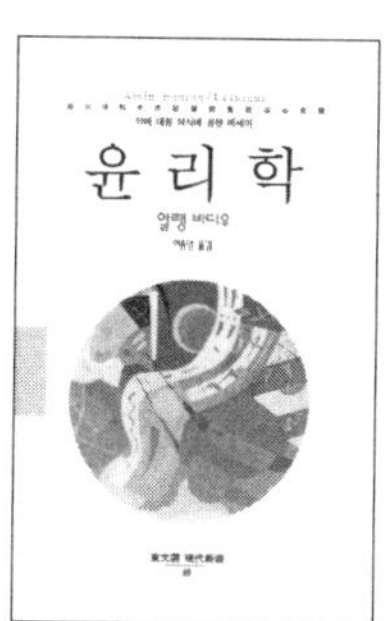

　이 세계가 나에게 부과하는, 그리고 준수할 것을 요구하는 그러한 윤리가 아니라, 내가 이 세계에 맞서 싸우고자 할 때 지녀야 할 '나 자신의' 윤리란 어떠한 것일까? 그러나 이 세계가 나에게 부과하는 '윤리'가 과연 엄격한 의미에서의 윤리일 수 있을까?

　이데올로기로서의 윤리에 대한 부정만으로는 충분치 않다. 이데올로기로서의 윤리에 맞서 싸우는 해방적 실천, 그 자체가 새로운 윤리학에 의해 지탱되어야만 하는 것이다. 여기서 새롭게 제시하고 있는 윤리는, 해방적 정치·학문·예술·애정에 있어서의 혁명적 투사들을 위한 윤리이다. '인권의 윤리'와 '차이의 윤리'를 비판하고 있는 이 책의 1장과 2장은 프랑스적 맥락에 위치하고 있다. 바디우는 이른바 '인권의 윤리'와 '차이의 윤리'를 제국주의 국가로서 프랑스의 위선과 결부짓고 있는 것이다.
　존중받아야 하는 것은 각자의 개별성이지 문화적 또는 사회적 차이가 아니다. 그리고 각자의 개별성은 오로지 인간적 동일성이라는 보편성에 토대해서만 존중받을 수 있는 것이다. 보편성에 토대한 개별성에 대한 존중은 사회적·문화적으로 매개된 특수성과는 결단코 대립되는 것이다. 특수성은 항상 배제와 차별을 내포하고 있다. 그리고 프랑스에서의 '차이의 윤리'는 그러한 특수성에 일정하게 입각하고 있는 것이다.

東文選 現代新書 50

느리게 산다는 것의 의미 1, 2, 3

피에르 쌍소

김주경 옮김

"삶의 길을 가는 동안 나 자신을 잃어버리지 않을 수 있는 능력과 세상을 받아들일 수 있는 능력을 확고히 심어주는 책"

우리에게 다가오는 사건을 기쁘게 받아들일 수 있는 능력을 갖기 위해서 필요한 지혜가 있다. 그것은 갑자기 달려드는 시간에게 허를 찔리지 않고, 허둥지둥 시간에게 쫓겨다니지도 않겠다는 분명한 의지로 알 수 있는 지혜이다. 우리는 그 지혜를 '느림'이라고 불렀다.

느림은 우리에게 시간에다 모든 기회를 부여하라고 속삭인다. 그리고 한가롭게 거닐고, 글을 쓰고, 타인의 말에 귀를 기울이고 휴식을 취함으로써 우리의 영혼이 숨쉴 수 있게 하라고 말한다. 여기서 문제되는 느림 또는 고요함은 세계에 접근하는 방식의 문제이다. 그것은 빠른 속도로 박자를 맞추지 못하는 무능력을 의미하는 것이 아니라 서두르지 않는 의지, 시간이 뒤죽박죽되도록 허용치 않는 의지, 그리고 사건들을 대하는 능력을 배양하는 것과 우리가 어느 길에 서 있는지 잊지 않는 것을 의미한다. 물론 과업은 시간성을 어긋나게 하거나 우리의 생에서 가장 본질적이고 중요한 것을 잊게 하지 않는다면, 어느 정도 들볶이거나 바쁘기도 하면서 우리에게 더 유익하게 다가올 수도 있는 것이다. '느림'과 '빠름'은 가치 비교의 문제가 아니라 선택의 문제라는 것이다.

책은 마치 천천히 도심을 거니는 게으름뱅이의 일기처럼 쉽고 편안하게 씌어져 있다. 누구나 한번쯤은 생각해 봤을 법한 '우리는 왜 이렇게 살고 있는 것일까'란 보편적인 주제를 다룬다.

東文選 現代新書 81

영원한 황홀

파스칼 브뤼크네르

김웅권 옮김

“당신은 행복해지기 위해 사는가?”

당신은 왜 사는가? 전통적으로 많이 들어온 유명한 답변 중 하나는 “행복해지기 위해서 산다”이다. 이때 ‘행복’은 우리에게 목표가 되고, 스트레스가 되며, 역설적으로 불행의 원천이 된다. 브뤼크네르는 그러한 ‘행복의 강박증’으로부터 당신을 치유하기 위해 이 책을 썼다. 프랑스의 전 언론이 기립박수에 가까운 찬사를 보낸 이 책은 사실상 석 달 가까이 베스트셀러 1위를 지켜내면서 프랑스를 ‘들었다 놓은’ 철학 에세이이다.

“어떻게 지내십니까? 잘 지내시죠?”라고 묻는 인사말에도 상대에게 행복을 강제하는 이데올로기가 숨쉬고 있다. 당신은 행복을 숭배하고 있다. 그것은 서구 사회를 침윤하고 있는 집단적 마취제다. 당신은 인정해야 한다. 불행도 분명 삶의 뿌리다. 그 뿌리는 결코 뽑히지 않는다. 이것을 받아들일 때 당신은 ‘행복의 의무’로부터 해방될 것이고, 행복하지 않아도 부끄럽지 않게 될 것이다.

대신 저자는 자유롭고 개인적인 안락을 제안한다. ‘행복은 어림치고 접근해서 조용히 잡아야 하는 것’이다. 현대인들의 ‘저속한 허식’인 행복의 웅덩이로부터 당신 자신을 건져내라. 그때 ‘빛나지도 계속되지도 않는 것이 지닌 부드러움과 덧없음’이 당신을 따뜻이 안아 줄 것이다. 그곳에 영원한 만족감이 있다.

중세에서 현대까지 동서의 명현석학과 문호들을 풍부하게 인용하는 저자의 깊은 지식샘, 그리고 혀끝에 맛을 느끼게 해줄 듯 명징하게 떠오르는 탁월한 비유 문장들은 이 책을 오래오래 되읽고 싶은 욕심을 갖게 한다. 독자들께 권해 드린다. — 조선일보, 2001. 11. 3.

東文選 現代新書 108

딸에게 들려 주는 작은 철학

롤란트 시몬 셰퍼

안상원 옮김

★독일 청소년 저작상 수상(97)
★청소년을 위한 좋은 책(99, 한국간행물윤리위원회)

작은 철학이 큰사람을 만든다. 아이들과 철학을 이야기하는 것이 요즘 유행처럼 되었다. 아이들에게 철학을 감추지 않는 것, 그것은 분명히 옳은 일이다. 세계에 대한 어른들의 질문이나 아이들의 질문들은 종종 큰 차이가 없으며, 철학은 여기에 답을 줄 수 있다. 이 작은 책은 신중하고 재미있게, 그러면서도 주도면밀하게 철학의 질문들에 대답해 준다.

이 책의 저자 시몬 셰퍼 교수는 독일의 원로 철학자이다. 그가 원숙한 나이에 철학에 대한 깊은 이해를 가지고 자신의 딸이거나 손녀로 가정되고 있는 베레니케에게 대화하듯 철학 이야기를 들려 주고 있다. 만약 그 어려운 수수께끼를 설명한다면 어떻게 할 것인가를 모형적으로 제시하고 있다.

철학은 우리의 구체적인 삶과 멀리 떨어져 있는 삶이 아니다. 우리가 사용하고 있는 말이란 무엇이며, 안다는 것은 무엇인가. 세계와 자연, 사회와 도덕적 질서, 신과 인간의 의미는 무엇인가 등 철학적 사유의 본질적 테마들로 모두 아홉 개의 장으로 나누어 이야기하고 있다. 쉽게 서술되었지만 내용은 무게를 가지고 있어서 중·고등학생뿐만 아니라 대학생과 성인들에게 철학에 대한 평이한 길라잡이가 될 것이다.

나비가 되어 날아간 한 남자의 치열하고도 아름다운 생의 마지막 노래. 세상에서 가장 아름답고도 애절한 이야기가 비틀스의 노래와 함께 펼쳐진다.

잠수복과 나비

장 도미니크 보비 / 양영란 옮김

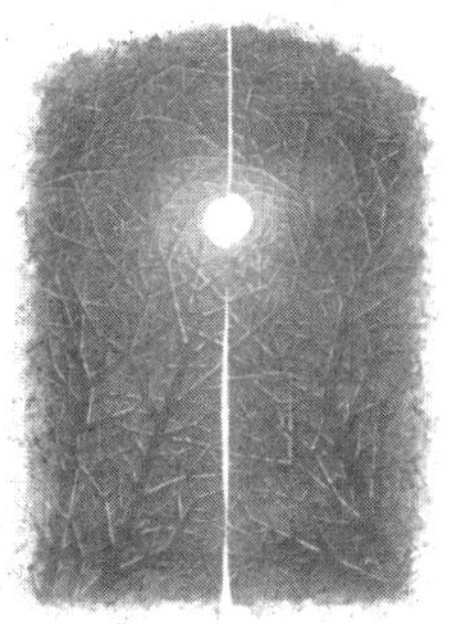

장 도미니크 보비. 프랑스 《엘르》지 편집장. 저명한 저널리스트이며 두 아이를 둔 자상한 아버지. 멋진 말을 골라 쓰는 유머러스한 남자. 앞서가는 정신의 소유자로서 누구보다도 자유를 구가하던 그는 1995년 12월 8일 금요일 오후 갑작스런 뇌졸중으로 쓰러졌다. 3주 후 의식을 회복했으나, 그가 움직일 수 있는 것은 오직 왼쪽 눈꺼풀뿐. 그로부터 그의 또 다른 인생, 비록 15개월 남짓에 불과한 '새로운' 인생이 시작되었다.

유일한 의사 소통 수단인 왼쪽 눈꺼풀을 20만 번 이상 깜박거려 15개월 만에 완성한 책 《잠수복과 나비》. 마지막 생명력을 쏟아부어 쓴 이 책은, 길지 않은 그의 삶에서 일어났던 일화들을 진솔하게 묘사하고 있다.

그러나 그의 이야기는 유머와 풍자로 가득 차 있다. 슬프지만 측은하지 않으며, 억지로 눈물과 동정을 유도할 만큼 감상적이지도 않다. 오히려 멋진 문장들로 읽는 이를 즐겁게 해준다. 그리하여 살아남은 자들에게 희망과 용기를 주며, 삶의 그 모든 것들이 얼마나 소중한가를 새삼 일깨워 준다. 아무튼 독자들은 이제껏 경험해 보지 못한 진한 감동과 형언할 수 없는 경건함을 맛보게 될 것이다.

《잠수복과 나비》는 출간되자마자 프랑스 출판사상 그 유례가 없는 엄청난 베스트셀러가 되었으며, 보비는 자기만의 필법으로 쓴 자신의 책을 그의 소중한 한쪽 눈으로 확인한 사흘 후 옥죄던 잠수복을 벗어던지고 나비가 되어 날아갔다. 자유로운 그만의 세계로……

국영 프랑스 TV는 그의 치열하고도 아름다운 마지막 삶을 다큐멘터리로 2회에 걸쳐 방영하였으며, 프랑스 전국민들은 이 젊은 지식인의 죽음 앞에 최대한의 존경과 애도를 보냈다.

東文選 現代新書 109

도덕에 관한 에세이

크리스티앙 로슈 外

고수현 옮김

전쟁, 학살, 시체더미들, 멈출 줄 모르는 인간 사냥, 이보다 더 끔찍한 것은 살인자들이 살인을 자행하면서 느끼는 불온한 쾌감, 희생자가 겪는 고통 앞에서 느끼는 황홀감이다. 인간은 처벌의 공포만 사라지면 악행에서 쾌락을 얻는다.

공민 교육이라는 구실하에 학교에서 도덕을 가르치는 것에 대해 찬성해야 할까, 반대해야 할까?

도덕은 가르칠 수 있는 것일까? 도덕은 무엇을 근거로 세워진 것인가? 도덕의 가치를 어떻게 정의내릴 수 있을까?

세계화라는 강요된 대세에 눌린 우리 시대, 냉혹한 자유 경제 논리에 가정이 짓밟히는 듯한 느낌이 점점 고조되는 이때에 다시금 도덕적 데카당스를 비난하는 목소리가 높아지고 있다. 물론 여기에는 파시스트적인 질서를 바라는 의심스러운 분노도 뒤섞여 있다. 또한 다른 사람들에 대한 온화한 존경심에서 우러나온 예의 범절이라는 규범적인 이상을 꿈꾸면서 금기와 도덕 규범으로 되돌아갈 것을 요구하는 사람도 있고, 교훈적인 도덕의 이름을 내세우며 강경한 억압책에 호소하는 사람들도 있다.

하지만 어떻게 억지로, 혹은 도덕 강의로 도덕적 위기에 의해 붕괴되어 가는 가정 속에서 잘못된 삶을 사는 청소년들을 '일으켜 세울' 수 있다고 생각할 수 있는가? 도덕이라는 현대적 변명은 그 되풀이되는 시도 및 협정과 더불어, 단순히 담론적인 덕을 통해 사회 문제를 해결하지 못하는 모종의 무능력함을 몰아내고자 하는 것은 아닐까?

東文選 現代新書 174

교육은 자기 교육이다

한스 게오르크 가다머

손승남 옮김

30쪽 분량도 채 안 되는, 책이랄 것도 없는 이 작은 문건이 파문을 던진 것은 너무나 평범하면서도 핵심을 찌르는 통찰을 담고 있기 때문이다. 가다머는 "교육은 언제 시작되는가"라는 물음을 던지면서 이야기를 시작한다. "말을 배우기 이전에 이미 아기는 뭔가를 잡을 수 있다는 것에 대해 만족스러워하며 그때 최초의 행복감을 느끼고 있음을 알 수 있습니다. 여기서 아기는 집에 있는 것과 같은 편안함을 느낍니다. 그러나 아기들은 자기가 극복하기 힘든 낯선 환경에 처하면 심하게 울게 됩니다."

'집에 있는 것과 같은 편안함과 낯선 환경의 도전'은 인간이 성장하는 매 단계에서도 반복된다는 것이 가다머의 주장이다. 그런 점에서 부모가 모두 직장에 나가서 아이들이 TV 앞에 방치되는 상황의 문제점을 지적한다. "대중매체가 인간 형성에 줄 수 있는 위험성을 우리는 결코 과소평가해서는 안 됩니다. 올바른 인간성을 길러주는 데 있어 자신의 고유한 판단력을 계발하고 실행하도록 가르치는 일만큼 중요한 것도 없습니다."

외국어 학습도 예외는 아니다. "교재를 읽거나 쓰는 식의 외국어 습득은 정상적인 방법이 아닙니다. 정상적인 방법은 대화를 통해서입니다. 그래야 낯선 감을 느끼고 대화를 통해 극복함으로써 다시 '집에 있는 것과 같은 편안함'을 되찾게 되는 것입니다."

이런 맥락에서 가다머는 교육은 교사가 학생들에게 어떤 결과물을 넣어주는 것이 아니라 "새로운 세대로 하여금 자기 활동을 통해 자신의 결함을 극복할 수 있도록 능력을 길러주는 일"이라고 정의한다.

東文選 現代新書 113

쥐비알

알렉상드르 자르댕

김남주 옮김

아버지의 유산, 우리들 가슴속엔 어떤 아버지가 자리하고 있는가?

정신적 지주였던 아버지에 관한 자전적 이야기인 이 작품은, 소설보다 더 소설적인 부자(父子)의 삶을 감동적으로 담아내고 있다. 자녀들에게 쥐비알이라는 애칭으로 불렸던 그의 아버지 파스칼 자르댕은 여러 편의 소설과 1백여 편의 시나리오를 남겼다. 그 또한 자신의 아버지, 그러니까 저자의 할아버지에 대한 소설 《노란 곱추》를 발표하였으며, 이 작품 또한 수년 전 한국에 소개된 바 있다. 하지만 자유 그 자체였던 그의 존재 이유는 무엇보다도 여자를 사랑하는 일에 있었다. 그의 진정한 일은 여인을 사랑하는 것이었다, 특히 자신의 아내를.

그는 열여섯의 나이에 아버지의 여자친구인 거대한 재산 상속녀의 침대로 기운차게 뛰어들어 그녀의 정부가 되었으며, 자신들의 관계를 기념하기 위해 베르사유궁의 프티 트리아농과 똑같은 저택을 짓게 하고 파티를 열어 그의 아버지를 초대하는가 하면, 창녀를 친구로 사귀어 몇 달 동안 하루도 거르지 않고 서너 차례씩 꽃다발을 보내어 관리인으로 하여금 그녀가 혹시 공주가 아닐까 하는 착각에 빠지게끔 만들기도 하였다. 그런가 하면 자신의 어머니의 절친한 연인의 해골과 뼈를 집 안에 들여다 놓고, 그것이 저 유명한 나폴레옹 외무상이었던 탈레랑의 뼈라고 능청스레 둘러대다가 탄로나서 집 안을 발칵 뒤집히게 하는 등, 기상천외한 기행과 사랑의 모험을 한순간도 멈추지 않았다. 심지어 죽어서까지 그의 영원한 연인이자 아내였던 저자의 어머니에게 끊임없이 무덤으로부터 열렬한 사랑의 편지가 배달되게 하는가 하면, 17년이 지난 오늘날까지 그의 아내를 포함하여 그를 사랑했던 30여 명의 여인들을 해마다 그가 죽은 날을 기해 성당에 모여 눈물을 흘리게 하여, 그가 죽음으로써 안도의 숨을 내쉬었던 그녀들의 남자들을 참담하게 만들기도 하였다. 스위스의 그의 무덤에는 하루도 빠짐없이 지금까지도 제비꽃 다발이 놓이고 있다.

東文選 文藝新書 292

교 육 론

장 피아제

이병애 옮김

　피아제의 관심은 지성이 어떻게 우리에게 생기는가이다. 그는 아이들에게 어떻게 인지 능력이 생겨나고, 지성이 발달하는지를 이해하고자 하였다. 그리하여 지성의 발달에는 단계가 있고, 가르침에 의해서보다 주체의 활동에 의해서 앎이 이루어진다는 것을 알았다. 따라서 학교에서 교사의 주입식 교육보다 학생의 능동적 참여를 강조하게 된다. 사실 피아제는 교육학자라기보다는 심리학자·인식론자·생물학자로서 많은 연구 업적을 쌓았다. 그러나 이러한 과학적인 발달 이론을 적용하여 효과적인 교육을 할 수 있다고 보았으므로 교육에 지속적인 관심을 갖고 있었다.

　아동 교육에서 선생의 역할은 무엇이며, 그 중요성은 어떠한가? 아동의 정신 안에 세계를 이해하게 할 도구나 방법을 형성해 주어야 하는가? 아동의 질문에 대답해 주어야 할까, 아니면 반대로 권위적인 방식으로 지식을 물어보아야 할까? 아동이 자기 것으로 만들 수 있도록 하려면 어떻게 활동을 제시해야 할까?

　교육 방법론, 교사의 역할, 아동의 자율성, 장 피아제는 일생 동안 이러한 주제들을 끊임없이 문제삼았다. 이 책이 말하고 있는 것은 그러한 것들이다. 이 책은 지금까지 일반인들에게 폭넓게 알려지지 않았던 텍스트들을 그 연속성 안에서 이해할 수 있게 해줄 것이다.

　아동 인지 발달 이론의 전문가인 장 피아제(1896-1980)는 20세기의 가장 위대한 심리학자라고 모든 사람이 생각하고 있다.